2050 탄소 배출제로, 수소가 답이다

수소경제

2050 탄소 배출제로, 수소가 답이다

수소경제

글 / 이민환 윤용진 이원영

맥스media

추천사

수소는 신재생에너지와 함께 화석연료 기반의 탄소사회에서 벗어나 친환경에너지 기반의 탄소중립 사회로 나아가기 위한 핵심 요소입니다. 특히 우리나라는 수소경제 활성화 로드맵을 제시하고 수소경제 육성과 세계 시장 선점을 위하여 적극적으로 정책적, 재정적 지원과 투자를 하고 있습니다.

『수소경제』이 책은 수소경제 실현을 위한 수소의 전 주기적 기술뿐만이 아니라 국내외 에너지 생태계의 현황 및 변화 등에 대해서 전문가가 아니더라도 쉽게 이해할 수 있도록 기술되어 있습니다. 빠르게 변화하는 에너지 패러다임을 이해하고 수소경제에 대한 식견을 넓히는데 좋은 길잡이가 될 것으로 생각합니다.

이광형 KAIST 총장

우리에게 필수적인 에너지의 미래에 대한 하나의 해법을 제시한 책!

에너지 고갈에 대한 심각한 이야기가 나올 때마다, 에너지 개발로 인한 환경에 대한 불안한 이야기가 나올 때마다, 새로운 기술이 인류에게 희망의 등불이 되었습니다.

세계적인 전문가, 세 석학들이 힘을 모아 일반인들도 이해할 수 있도록 수소 에너지에 대한 해법을 제시한 책, 그리고 기술, 정책, 사업화, 생태계 등 다양한 각도로 분석하고 통합한 입체적인 책을 여러분들에게 추천합니다.

박성진 포스텍 기계공학과 교수, 포스코 산학연협력실 실장

수소는 우주에서 가장 풍부한 원소입니다. 지구상에 존재하는 모든 생명체에게 에너지를 공급하는 태양도 대부분 수소로 이루어져 있고, 수소는 지구상에서도 거대한 바다를 형성하는 물의 형태로 존재하고 있습니다. 인류가 수소를 발견한 1700년대 중반 이후, 물을 전기분해하여 수소를 생산하고, 수소로 전기를 생산하는 기술들이 수백 년에 걸쳐 개발되어 왔으나, 수소를 에너지로서 사용하는 수소경제의 실현은 공상과학소설에서나 언급된 머나먼 이야기로만 느껴졌을 뿐입니다. '수소경제'는 지난 50여 년 동안 탄소경제의 가장 이상적인 대안으로 논의되어 왔으나, 그 실현에는 정치적, 사회적, 기술적 장벽이 존재하고 있습니다.

그러나, 지구온난화와 인류의 지속 가능한 발전에 대한 연구를 통해 범세계적 탄소중립 목표가 제시되고, 목표 달성을 위한 구체적인 필요 기술이 논의되면서, 지난 몇 년 사이에 수소를 에너지 매개체로 사용하는 지속 가능한 청정에너지 생태계의 구현이 전 세계 주요 국가에서 동시다발적으로 추진되고 있으며, 많은 기업들이 공격적으로 수소와 관련된 신산업 분야에 투자를 서두르고 있습니다.

이러한 큰 변화에도 불구하고, 수소 기술에 대한 이해는 소수의 전문가에게 국한되어 있고, 수소에 대한 진실과 오해가 혼돈되어 지속 가능한 발전을 위한 방향성에 대한 판단을 흐리고 있습니다.

이 책은 수소 에너지에 대한 이해를 높이고자, 수소가 미래 에너지에 있어서 왜 필수적인지, 어떠한 기술을 통해서 생산되고, 저장되고, 활용되는지, 향후 시장이 어떠한 방향과 속도로 열릴 것인지 등 수소에 대한 이야기를 체계적이고 알기 쉽게 풀어내고 있습니다.

또한 수소 에너지와 다른 기술 간의 비교를 통해, 수소 에너지의 장단점을 정리하고, 미디어에서 비추어지는 수소 에너지에 대한 오해와 진실에 대해 정확한 설명을 제시하고 있습니다. 이 책을 통해 많은 독자들이 수소 에너지에 대한 이해를 넓히는 기회가 되기를 바랍니다.

차석원 서울대학교 교수

인류가 당면한 도전적 과제인 기후위기에 대응하고자 전 세계 리더들이 탄소중립을 얘기하고 있습니다. 분명 탄소중립은 우리 삶 전반에 엄청난 영향을 미칠 것입니다. 그리고 인류 생존이 달린 탄소와의 싸움에 수소가 한줄기 희망일 수 있습니다. 왜 수소 에너지가 아니라 수소경제라 하며 많은 사람들이 얘기하는지 귀 기울여야 합니다.

이 책은 수소를 무조건 찬양하지는 않습니다. 담담히 수소의 현주소를 살펴보고 반문하며 답을 찾아갑니다. 필연적으로 전개될 '수소사회' 여정은 이 책으로부터 시작할 것입니다.

특히 인문학도들에게도 이 책을 적극 추천합니다.

김소희 (재)기후 변화센터 사무총장

수소는 수십 년 동안 미래 에너지로 각광을 받아왔지만 여전히 현실화되지 않은 에너지입니다. 2050년 탄소순배출 제로 사회로 가는 패러다임의 변화 속에 수소는 드디어 주요 에너지원으로써 많은 투자가 이뤄지고 있습니다. 주변에서 볼 수 있는 태양광, 풍력과 달리 수소는 일반인들이 변화를 체감하기 쉽지 않은 분야입니다.

『수소경제』는 관련 분야를 오랫동안 연구하신 연구자들이 일반인들도 쉽게 이해할 수 있도록 수소경제 전반을 정리한 책입니다. 앞으로 수소를 다루기 위해 생산과 저장, 운송, 사용 등 모든 영역에서 다양한 변화가 나타날 겁니다. 그 변화가 어떤 식으로 이뤄지는지를 이해하려 할 때, 이 책이 탄탄한 기반이 되어 줄 것이라고 믿습니다.

권순우 머니투데이방송 기자, 『수소전기차 시대가 온다』 저자

수소 산업이 성장 초기 국면에 진입하고 있습니다. 대한민국, 일본이 주도하던 시장이 EU, 미국, 중국 등 주요 국가들로 확산되고 있습니다. 수소 산업 육성이 글로벌 관심사가 된 이유는 탄소중립

달성이라는 인류 공동의 목표 때문입니다.

지속 가능한 성장 산업이 되어가는 수소 산업이지만, 아직 수소와 관련된 산업에 대한 이해도가 낮은 상태입니다. 이에 따른 오해와 편견이 대한민국이 거대한 수소 물결을 타는 데 걸림돌이 될 수도 있습니다. 20년 전 재생에너지 시장 초기에도 이해 부족과 편견 때문에 핵심 그린산업을 주력 성장 동력으로 확보할 기회를 놓쳤습니다. 이제는 달라져야 합니다. 대한민국은 수소 밸류체인의 가치 중에 절반을 차지하는 수소차, 수소 발전 부문에서 글로벌 최고의 경쟁력과 시장을 갖추고 있기 때문입니다. 『수소경제』의 출간이 반가운 이유가 여기에 있습니다.

이 책은 수소가 기후 위기 시대에 필요한 이유와 관련 주요 산업, 전체 밸류체인에 대해 상세하고 쉽게 기술하고 있습니다. 이 책 한 권이면 수소시대를 준비할 수 있는 기본 지식과 통찰력을 얻을 수 있다고 판단됩니다. 수소는 탄소중립, 그린시대를 달성할 수 있는 '마지막 열쇠'입니다. 이 책을 통해 수소사회를 대비하기 바랍니다.

한병화 유진투자증권 그린산업 애널리스트

들어가며

수소 : 태우면 순수한 물만 나오는 원료,
    더 이상 깨끗할 수 없는 원료

　수소는 꽤 오랜 시간 동안 미래의 청정에너지원으로 회자되어 왔다. 1960년대에 이미 미항공우주국NASA에서는 달탐사 프로젝트에 수소를 우주선 원료로 이용했고, 곧이어 GM, 다임러벤츠가 컨셉트카 형식으로 수소차를 선보이기도 했다. 하지만 본격적으로 새로운 산업으로서의 수소를 고려해 온 것은 길게 보아도 20년 남짓한 시간이라고 보는 게 적절할 것 같다.

　미국의 경우에는 1999년에서 2000년 사이에 닷컴버블에 편승해서 수소 연료전지 회사들의 주가가 천정부지로 오른 후에 거품이 급속히 꺼진 적이 있었다. 그러나 얼마 지나지 않은 2003년 국정연설에서 조지 W 부시 대통령이 "오늘 태어난 아기가 생애 처음으로 운전하는 차는 무공해 수소차가 될 것이다"라고 언급하며 수소에 대한 관심이 다시 되살아났다.

　그렇지만 2009년 버락 오바마가 대통령으로 당선된 후에는 '수소는 생산 과정 자체에서부터 온실가스가 배출되고, 배송 및 충전 인프라 구축에 너무 많은 시간과 비용이 소요되며, 배터리에 비해 효율과 경제성이 현저히 떨어진다'는 등의 현실적인 이유로 인해 수소는 다시 찬밥 신세가 되고 만다.

이렇게 수소를 외면하는 정책을 주도하던 당시 스티븐 추Steven Chu 에너지부 장관은 임기 말이던 2012년에 '풍부해진 천연가스 자원을 활용하면 수소도 좋은 방안이 될 수 있다'며 사뭇 달라진 시각을 보이기도 했다.

이후 2017년, 집권에 성공한 도널드 트럼프 대통령은 탄소 배출에 의한 기후 변화 자체에 의문을 제기하며 파리협약마저 탈퇴하고, 기존 화석연료 생산 관련 규제를 오히려 풀어주는 등 시대에 역행하는 행보를 보였고, 이에 따라 수소에 대한 관심도 멀어져 갔다.

그러나 상황은 또다시 바뀌고 있다. 2021년에 들어선 바이든 정부가 수소 인프라 및 산업 활성화를 포함한 강력한 그린뉴딜을 추진하고 있기 때문이다.

우리나라의 경우는 최초의 수소 정책이라고 할 수 있는 2005년

'친환경 수소경제 구현 마스터플랜' 수립 이후에는 구체적인 수소 부흥책을 찾아보기 어려웠다. 2018년에 이르러서야 플랫폼 경제 구현을 위한 국가의 '3대 전략투자 분야'로 선정되면서 다시 조명을 받기 시작했다.

긴 시간 동안 수많은 부침을 겪었지만, 지금 수소는 이전과는 다른 스케일로 전 세계적인 화두가 되고 있다. EU 국가들을 비롯해 미국, 일본, 중국, 호주 등 전 세계 주요국들이 탄소중립 달성을 위해서 수소가 필수적임을 재확인하고 2020년 무렵부터 일제히 강력한 수소 부흥 정책을 쏟아내고 있다. 우리나라도 2019년 '수소경제 활성화 로드맵'을 발표하고 2020년 2월에는 세계 최초로 수소법을 제정하는 등 수소 산업 선도 국가를 지향하며 적극적으로 수소 산업을 추진하고 있다.

동시에 전 세계의 많은 기업들이 수소 산업을 새로운 중장기 먹거리로 인식하고 기존의 사업 포트폴리오를 재편하고 있으며 여기에 더해 새로운 스타트업들도 속속 뛰어들고 있다. 대부분의 우리나라 대기업들도 미래 수소 산업을 선점하고자 분주한 모습이다.

이러한 흐름과 함께 '탄소중립', '수소' 등의 주제가 다양한 채널에서 부쩍 많이 다루어지고 있다. TV나 신문뿐만 아니라 유튜브, 블로그를 비롯해 여러 소셜 네트워크 등에서도 수소 관련 이슈가 인기를 끄는 콘텐츠로 부상하고 있다. 하지만 내용을 살펴보면 많은 아쉬움을 느끼게 된다.

TV나 신문에 나오는 수소와 관련된 내용은 단편적인 뉴스 전달에 국한된 경우가 많아서 전반적인 맥락을 이해하는 데 큰 도움이 되지 않는다. 유튜브나 소셜 네트워크를 통해서 유통되는 정보는 부분적인 왜곡이 포함되어 있는 경우가 적지 않아 신뢰도가 떨어지는 실정이다. 수소가 왜 필요한지, 연관 기술이 대체 기술에 비해서 어떠한 장단점이 있는지, 현재 기술과 산업의 수준이 어떠한 상태인지에 대해서 전반적으로 바르게 이해하지 못한 상태로 정보를 유통하고 있다는 생각을 자주 하게 된다. 이러한 정보를 그대로 받아들이게 된다면 수소가 가지고 있는 의미를 오해하거나 수소의 전망을 지나치게 낙관 또는 배척하는 상황으로 이어질 수 있다. 정보의 양은 많아졌지만 쉬우면서도 체계적으로 정리된 정보는 찾기 어려운 상황인 것이다.

저자들은 이러한 문제 의식을 가지고 최근 회자되고 있는 수소에 대한 체계적인 이해를 돕고자, 수소 관련 기술과 산업에 대해 오랜 기간 연구하고 보고 들은 내용들을 누구나 이해할 수 있는 쉬운 언어로 풀어서 책을 준비했다.

이 책은 크게 네 부분으로 나누어져 있다. 1부는 수소가 미래 재생에너지 사회로 나아가는 데 있어서 왜 필수불가결한지에 대해 논의한다. 2부는 수소가 현재 어떠한 용도로 쓰이고 있고, 앞으로 수십 년간 어떠한 곳에 활용될 것인지에 대해 이야기한다. 3부는 수소의 생산, 저장, 운송 등 관련 기술과 산업의 현재와 미래에 대해 체계적으로 소개한다. 4부는 현재 많은 논란을 낳고 있는 수소에 대한 오해와 진실에 대해 논의하고, 수소사회로 나아가기 위한 각국 정부와 기업들의 현재 활동과 관련 기술 및 산업의 향방에 대해서 전망한다.

지금 세계는 수소경제로 나아가기 위해 이제 막 첫발을 뗐다고 해도 과언이 아니다. 다른 산업들이 그렇듯 수소 관련 산업에도 많은 기술적, 경제적, 정책적, 사회적 변수가 있어서, 이들이 어떤 계기로 인해 어떤 방향과 속도로 움직이는가에 따라 산업의 향방이 상당히 달라질 수 있다. 하지만 탄소중립이라는 전 지구적인 공동 목표 자체가 변하지 않는 한, 수소는 미래 에너지에 있어서 꼭 필요한 요소라고 자신 있게 이야기할 수 있다.

이 책에서 중점을 두고 논의한 수소의 필수불가결성과 전 가치사슬에 걸친 주요 기술들의 원리, 대안 기술 대비 장단점을 이해하는 것은 앞으로 수소 에너지뿐만 아니라 좀더 넓게 탄소중립을 위한 미래 에너지 기술과 시장의 흐름을 파악하는 데 튼튼한 뼈대가 될 것이라고 믿는다.

마지막으로, 이 책이 나오는 데 큰 도움을 준 김원 님에게 감사의 말씀을 전한다.

2022년 2월, **이민환**

목차

추천사
들어가며

2부/ 수소는 어디에 쓰이나

3부 / 수소, 어떻게 만들고 어떻게 유통하나

4부 / 수소사회는 어떻게 오나

1부

수소:
미래 에너지 사회의
필수 매개체

기후 변화:
성큼 다가온 위기 상황

뜨거워진 지구, 심상치 않은 증상들

2018년 11월 8일, 미국 캘리포니아주의 주도인 새크라멘토시의
북쪽에 있는 부티 카운티Butte County에서 전력 송전선의 문제로 인
해 엄청난 산불이 발생했다. 산등성이에서 시작한 산불은 사람들
이 많이 사는 지역으로까지 번졌다. '캠프 파이어Camp Fire'로 명명된
이 거대한 산불은 약 1만 8천여 개의 건물과 집들을 태워 버렸고,
최소 85명의 생명을 앗아갔다. 실종자만 약 600여 명에 이르렀고
불타버린 전체 면적은 서울의 3배가 넘었다.

　캘리포니아주에서의 산불은 연례행사처럼 매년 이어지고 있다.

3월경부터 건기가 시작되어 약 6~8개월에 걸쳐 비 한 방울 내리지 않는 날씨가 지속되기 때문이다. 기온이 높고 건조한 여름을 거치면서 풀과 나무들이 바싹 말라 산불이 나기 좋은 상태가 되어 한번 불이 붙으면 삽시간에 크게 확산된다. 그렇기에 막대한 인명과 재산 손실을 기록하는 일이 해마다 발생하고 있으며, 그 규모와 피해가 갈수록 커져서 매년 발생하는 그 해의 산불이 사상 최악으로 기록되고 있다.

2020년에는 1만 건에 가까운 산불이 캘리포니아 전역에서 발생해 서울시 전체 면적의 30배에 이르는 산림과 도시를 태워 버렸다.

이러한 자연재해는 미국에서만 일어나는 게 아니다. 우리나라에서도 마찬가지다. 2021년 1월에는 전례 없는 한파가 몰아치면서 엄청난 폭설이 내렸고, 가장 남쪽에 위치한 제주도에서도 한파특보를 운용한 1964년 이래 처음으로 한파경보가 내려지기도 했다. 반면, 가장 추운 곳이라고 알려진 러시아의 시베리아에서는 2020년 여름에 역대 최고 기온인 38도를 기록하는 이상고온 현상이 일어났다.

산불, 한파, 극심한 더위, 파괴적인 폭풍우, 해수면 상승, 가뭄, 식량난, 어획량 감소 등의 자연재해는 이제 특별한 일이 아닌 게 되고 말았다. 게다가 이러한 자연재해는 해를 거듭할수록 더 자주, 더 크게 발생하고 있다.

이러한 현상은 많은 이들이 알고 있듯이 지구온난화 현상에서 기인한다. 산업화 이후 인류는 화석연료인 석탄, 석유, 천연가스 등을 태워 열에너지, 기계 에너지, 전기 에너지 등으로 변환하여 이용해 왔다. 이 과정에서 이산화탄소$_{CO}$가 부산물로서 생성되는데[1-1], 이렇게 대기 중에 지난 백여 년간 쌓여온 이산화탄소가 태양으로부터 대기권 내로 유입된 열을 가두어 버림으로써 지구가 서서히 달궈지게 되었다.

[1-1] 화석연료를 이용해서 에너지를 얻는 과정에서 배출되는 이산화탄소는 지구온난화의 주범이다.

산업혁명 이후 1970년대까지는 유럽과 미국이 탄소 배출의 주범이었으나, 최근에는 탄소 배출량이 정체 또는 소폭 감소하는 추세를 보이고 있다. 반면에 21세기 이후 세계 인구 비중이 높아진 중국을 비롯한 제3세계의 탄소 배출량이 급격히 증가함에 따라 전 지구적인 총 배출량 역시 여전히 급증세를 보이고 있다[1-2].

연간 세계 이산화탄소 배출량

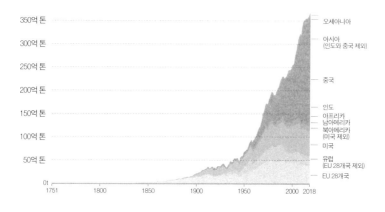

20세기 중반 대비 지구 평균 온도 변화

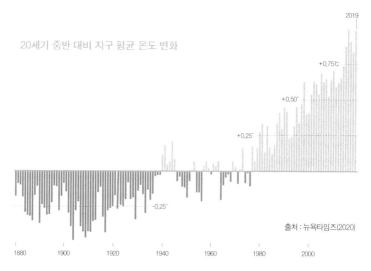

출처 : 뉴욕타임즈(2020)

[1-2] 연간 세계 이산화탄소 배출량 및 이에 따른 지구 온도의 변화 (출처: 위_Carbon Dioxide Information Analysis Center, Global Carbon Project, 아래_뉴욕타임즈 2020)

왜 이산화탄소인가?

2021년 현재 대기 중의 이산화탄소의 농도는 약 420ppm1ppm은 100만 개 중 하나 정도이다. 산업화 이전에 비해 50% 가까이 증가했다.

지구의 대기는 약 78%의 질소분자와 21%의 산소분자, 1%의 물 분자로 이루어져 있다. 그 외의 것들은 극히 미미한 비율로 존재한다. 이산화탄소도 마찬가지로 매우 낮은 수준으로 존재하고 있다. 그런데 왜 이산화탄소가 지구온난화의 주범으로 몰렸을까? 이를 설명하려면 태양에서 오는 빛과 이들 기체 분자들 간의 상호 작용을 이해해야 한다.

각각의 분자는 원자들 간의 결합으로 이루어 지는데예를 들면, 물 분자는 두 개의 수소와 한 개의 산소 원자 간의 결합, 이 원자는 마치 스프링으로 서로 연결된 것처럼 특정 주파수1초 동안에 진동하는 수로 진동을 한다. 그리고 이들 결합마다 서로 다른 고유한 주파수가 있다. 한편 빛도 다양한 주파수를 가지고 있는데, 어떤 주파수의 빛인가에 따라 우리 눈에 여러 다른 색으로 보이기도 하고가시광선, 안보이기도 한다적외선, 자외선, X-선 등. 태양으로부터 들어와서 지표에 흡수되었던 빛 에너지가 적외선 형태로 대기를 빠져나갈 때의 주파수가 공기 중 분자 내의 원자 간에 진동하는 주파수와 같은 경우에 양자역학적으로 이 적외선을 흡수할 수 있게 된다.

이러한 빛 에너지의 흡수는 원자가 대칭적으로 분포하는 질소N₂

나 산소O_2 등의 분자가 아닌 비대칭적으로 분포하는 이산화탄소 CO_2, 수증기H_2O, 오존O_3 등의 분자에서 주로 일어나는데, 이러한 이유로 이산화탄소, 메탄, 오존, 수증기와 같은 분자들이 아주 낮은 농도에도 불구하고 지구온난화의 주범이 된 것이다. 그래서 이들을 '온실가스'라고 부른다.

온실가스 중에서도 수증기의 농도는 이산화탄소의 농도보다 수십 배가 높아, 실제로 지구온난화에 더 큰 악영향을 준다. 그러나 대기 중의 수증기 농도를 조절하는 것은 인간의 힘으로는 거의 불가능하기 때문에, 이산화탄소, 메탄 등의 가스를 줄이는 데 집중하고 있는 것이다.

지구가 버틸 수 있는 임계점

지구가 버텨낼 수 있는 능력의 한계, 다시 말해 임계점threshold이 다가오고 있다고 말하는 전문가들이 늘고 있다. 지구는 스스로 균형을 찾아가는 자정 능력을 지니고 있지만 그 능력으로도 도저히 감당할 수 없을 정도의 변화가 진행되고 있다는 뜻이다. 더이상 원래의 상태로 돌아가지 못하는 임계점, 그 시점을 대체로 과학자들은 산업혁명 이전을 기준으로 온도가 2도 상승한 때라고 판단하고 있었다.

그 임계점을 넘으면, 앞으로는 산업혁명 이전의 환경과 생태계로 영원히 돌아갈 수 없는 것이다.

2018년에 개최된 제48차 '기후 변화에 관한 정부 간 협의체 Intergovernmental Panel on Climate Change, IPCC' 회의에서는 온도 상승분을 1.5도 이하로 묶어 두어야 한다고 목표치가 재설정되었다. 지구 온도 2도 상승 시 예상되는 현실이 너무나 암담하기에, 더욱 적극적이고도 과감한 탄소 저감 노력을 촉구하려는 의미이다. 2021년 현재 이미 1.2도에 이르렀고, 이대로 간다면 2030년 이전에 1.5도에 도달할 것으로 과학자들은 예상하고 있다.

남극이나 북극에 가까운 고위도 지방에는 영구동토라고 불리는 얼어붙은 토양이 넓게 분포되어 있다. 이 영구동토는 많은 이산화탄소CO_2와 메탄가스CH_4를 가두어 품고 있는데, 앞으로 지구온난화가 계속되면 이 가스들이 대기 중으로 분출된다. 여기에 가두어진 이산화탄소의 양은 현재 대기 중에 있는 이산화탄소보다 적어도 2배, 많게는 4배가 될 것으로 추정된다. 이러한 영구동토가 녹아 이산화탄소가 대거 유출된다면 지구온난화는 걷잡을 수 없이 가속화될 것이다.

게다가 이 얼어 있는 땅에는 지난 수백 년, 수천 년 전에 존재했던 바이러스가 잘 보존되어 있다. 2016년, 북극 인근의 러시아 땅에서 12세의 어린 목동과 약 2,500마리의 순록이 이유를 모른 채

죽어간 일이 있었다. 원인은 탄저병으로 밝혀졌다. 러시아 시베리아 지역에서 탄저병이 발생한 것은 75년 만이었다. 전문가들은 '시베리아 역병'으로 알려진 탄저균이 그동안 땅속에 묻혀 있다가 따뜻한 날씨 때문에 되살아난 것으로 분석하면서, 기후 변화 재앙이 시작됐다는 우려의 목소리를 내놓았다. 실제로 당시 시베리아의 일부 지역 기온이 35도에 이르는 등 예전엔 볼 수 없었던 이상 고온 현상이 나타났으며, 이로 인해 영구동토층이 녹으면서 땅속에 묻혀 있던 동물 사체 속 탄저균이 밖으로 나온 것으로 러시아 당국은 결론을 내렸다.

지금 당장 대책을 세우지 않는다면 극지방의 '판도라 상자'가 열릴 것이라고 전문가들은 경고한다. 만약 이러한 일이 실제로 발생한다면 인류가 대처할 수 없는 정도의 지구온난화로 인해 온갖 자연재해, 생태계 파괴, 식량난, 전염병의 범람 등의 여러 재앙을 동시에 맞이할 수도 있다. 이러한 시나리오는 단지 일부 극단적인 비관론자의 외침이 아니라, 우리가 현실로 맞이할 수 있는 미래라는 것이 수많은 사례와 과학적인 유추로 점점 확실해지고 있다.

2050년까지 탄소 배출 제로, 가능할까?

200여 년 전 산업혁명과 함께 시작된 대기 오염과 그로 인한 지구온난화 문제는 다소 식상하기까지 한 케케묵은 주제라고 할 수도 있다. 너무 익숙해서 그 심각성을 느끼지 못할 지경이다. 그러나 다행스럽게도 20세기 들어 전 세계는 이 문제를 심각하게 받아들여 대책을 세우기 시작했다.

이산화탄소를 비롯한 6종의 온실가스 배출 감소를 위해 2005년 교토의정서를 채택했으며, 2015년에는 무려 195개국이 참가한 파리기후변화협약을 채택하기에 이르렀다. 파리기후변화협약은 기후 협약으로서는 최초로 어느 정도 구속력이 있어, 2020년에는 협약 당사국들이 각자 탄소 배출을 줄이겠다는 중장기 계획을 발표하기도 했다.

독일을 위시한 EU는 2021년 7월 기후 변화 대응 로드맵인 'Fit for 55'를 발표했다. 2030년까지 탄소 배출을 1990년 대비 55% 이상 감축하겠다는 계획이다. 우리나라와 일본 역시 2050년까지 탄소중립을 추진하겠다는 뉴딜을 선언했고, '세계의 공장'이라 불리는 중국마저도 2060년까지는 탄소중립을 달성하겠다는 다짐을 발표했다[1-3].

세계 산업을 좌지우지하는 미국의 경우 지난 트럼프 정부가 자국 우선주의라는 미명 하에 파리협정에서 탈퇴했지만, 새로 들어선 바이든 정부는 파리협정 재가입뿐 아니라, 강력한 '그린 뉴딜' 추진 의지를 표명하고 있다. 하지만 이러한 각국 정부의 의지들만으로 앞으로 실질적이고도 지속적인 변화를 담보할 수 있을까?

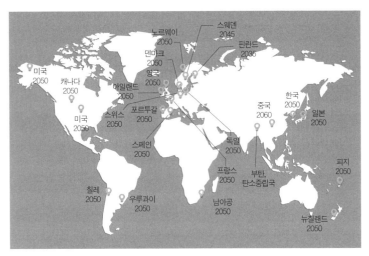

[1-3] 많은 주요 에너지 소비국들이 대부분 2050년까지 탄소중립을 달성하겠다고 선언했다. 2015년 파리협약에서 협약 당사국 간의 약속에 따라 2020년에 대부분 선언되었다. (출처: M. Mohideen et al, J. Energy Chem., 59, 688, 2021)

탄소세와 탄소 국경세

지난 몇 년간 진행되어 온 여러가지 사례들을 보면 우리가 탄소사회에서 재생에너지사회로 나아가고 있음은 명확하다. 우선 많은 나라가 탄소 에너지를 쓴 만큼 탄소세라는 세금을 부과하고 있다. 1990년대 핀란드에서 시작되어서 지금은 50여 개국이 시행하고 있고, 더욱 많은 나라들이 탄소세의 도입을 검토 중이다. 유럽의 경우에는 2005년부터 온실가스 배출권 거래제를 시행하고 있는데, 2021년까지 1990년 기준 24%의 온실가스 배출량을 감축했다고 한다. 최근 발표된 'Fit for 55'에 따라 2030년까지 감축량을 55%

로 늘리기 위해 발전소, 공장, 교통, 건물 난방 등 거의 모든 부문에 걸쳐 배출권 거래제를 확대 적용할 예정이다.

그러나 기업들의 경우, 탄소세 부과로 인해 제품 생산에 드는 비용이 증가하기 때문에, 이를 시행하는 국가에서 생산된 제품이 그렇지 않은 곳에서 생산된 제품에 비해 가격 경쟁력이 떨어질 수밖에 없다. 이를 상쇄하고자 EU와 미국에서는 소위 '탄소국경세'의 도입을 추진하고 있다. EU의 경우, 2023년부터 시범 적용하고 2026년에 본격적으로 적용한다는 계획이다. 탄소국경세는 탄소를 많이 사용해 만들어진 제품을 수입할 때는 무역 관세를 추가적으로 부과하는 것이다. 탄소국경세는 일회성이 아니라 지속적이기 때문에, 신재생에너지 기반의 인프라가 갖추어지지 않은 나라의 기업들은 수출을 통한 중장기적인 이윤 도모가 어려워지게 되고, 국가적으로는 지속적인 국부 유출이 생기는 셈이 된다. 이처럼 급변하는 기업 환경에 대처하기 위해 많은 나라들이 신재생에너지 기반의 인프라와 제도를 구축하는 대응 방안을 적극적으로 모색할 수밖에 없는 상황에 이르렀다.

EU는 자동차의 CO_2배출에 대해서도 강력한 규제를 시행 중이다. 2015년부터 CO_2배출을 점진적으로 줄이도록 강제하고 있다. 2021년 기준, EU로 수출하는 자동차의 평균 배출량이 1km 주행당 95g을 상회하는 경우, 1g 초과 차량에 대해 대당 95유로의 벌

금을 매기고 있다. 현재 가솔린이나 디젤 기반 내연기관차의 평
균 CO_2배출량이 1km당 120g 정도로 알려져 있는데, 이를 기준으
로 보면 내연기관차는 25g(120g - 95g)을 초과하게 되고, 따라서 대당
2,375유로(25g × 95유로/g)의 막대한 벌금을 부담해야 한다. 즉 EU를 대
상으로 내연기관차를 생산하여 수출하는 회사는 더이상 이윤을 내
기 어려워지게 된다는 뜻이다.

테슬라는 이러한 제도의 최대 수혜자 중 하나였다. 테슬라에서
나오는 모든 자동차는 CO_2를 전혀 배출하지 않는 전기자동차이기
때문에 이 회사에 할당된 CO_2배출권을 다른 회사에 판매할 수 있
었는데, 2020년 한 해에만 그 금액이 16억 달러에 이르렀고, 이로

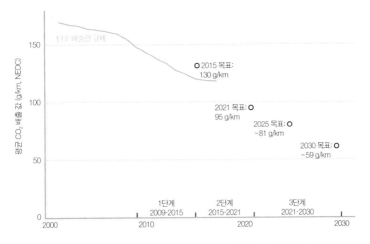

[1-4] EU는 각 자동차 회사별로 유럽으로 수입되는 자동차의 평균 CO 배출량을 기준으로 강력
한 규제를 가하고 있다. (출처: International Council on Clean Transportation)

인해 그 해 약 7억 달러의 순이익을 달성할 수 있었다. 탄소 배출권의 판매가 없었다면 9억 달러에 이르는 순손실을 내었을 상황인데 이 규제 덕에 오히려 순이익을 낸 것이다. 앞으로 지속적으로 CO_2 배출 허용량이 더욱 가파르게 줄어들 것이기에 모든 자동차 생산 업체는 전기자동차와 수소전기차 등 CO_2를 배출하지 않는 자동차의 비중을 당장 늘려야만 하는 압박을 받고 있다.

깨끗한 에너지 사용하지 않으면 퇴출

최근 전 세계적인 친환경 기류 속에서, 국가 차원의 대응뿐 아니라 각 기업들도 자발적으로 소위 'RE100'에 가입하고 있다. 'RE100Renewable Electricity 100'이란 100% 신재생에너지에서 얻은 전기만을 사용해서 제품을 생산하자는 세계적인 캠페인인데, 2022년 1월 현재 페이스북, 구글, 마이크로소프트 등 IT 업계와 BMW, 폭스바겐, GM 등 자동차 업계, 그리고 스타벅스, 모건스탠리 등 서비스 및 금융 업계의 굵직굵직한 340여 개의 글로벌 기업들이 이 운동에 동참하고 있다. 그 외의 많은 기업들도 가입을 추진하고 있어 앞으로 그 숫자는 급속히 커질 것으로 보인다. 우리나라도 2022년 1월 기준 SK 4개 계열사, LG 에너지 솔루션 등 9개 사가 가입해 있다.

주목해야 하는 사실은 이러한 기업들이 자신들의 회사에서 직접 생산하는 제품뿐만 아니라 자신들의 회사로 부품을 제공하는 업체에 대해서도 'RE100'을 요구하고 있다는 것이다. 일례로, BMW는 배터리를 납품하려는 LG화학에도 'RE100'을 조건으로 내걸었다. LG화학이 납품할 배터리를 생산할 때 100% 재생에너지를 이용하지 않으면 납품을 받지 않겠다고 한 것인데, 재생에너지 인프라와 제도가 정착되지 않은 국내에서 그 조건을 맞추지 못하자 계약이 무산되고 말았다. 폭스바겐Volkswagen사도 LG화학에 비슷한 요구를 했고, 애플Apple사도 2020년 SK하이닉스에 대해 'RE100'을 비공식적으로 요구했다고 알려져 있다. 현재는 SK하이닉스도 'RE100'에 가입해 있다.

이러한 최근의 흐름은 시사하는 바가 명확하다. 이제 신재생에너지의 사용은 회사의 이미지 개선이나 사회적 책임 이행 등에 머무르지 않고 있다는 뜻이다. 기업의 영리 활동에 직접적으로 영향을 미칠 뿐만 아니라 기업의 흥망까지 결정하는 주요한 요인으로 자리 잡아 가고 있다. 이러한 움직임은 앞으로도 계속 커져갈 것이 분명하다.

그럼 이들 340여 개의 기업들은 가입 조건도 까다롭고 가입 후에도 정기적으로 목표 대비 탄소 감축량을 보고하고 승인 받아야 하는 'RE100'에 왜 군이 가입하려고 노력했던 것일까. 더 나아가 자신

[1-5] 2021년 5월 현재 'RE100'에 가입한 글로벌 기업은 300개를 넘어섰다. (출처: EKOenergy)

들의 부품 제공업체에게까지 'RE100'의 조건을 요구하고 있는 이유는 무엇일까.

첫째로는 재생에너지의 발전 원가가 급격하게 낮아지고 있으며 여기에 더해 각종 탄소세의 압박이 서서히 늘어나고 있기 때문이다. 즉, 기업들이 전 가치사슬에 걸쳐 탄소를 줄이는 것만이 지속적인 이윤 창출을 할 수 있는 길이라는 현실적인 인식을 하게 된 것이다. 여기에 더해 환경론자들뿐만 아니라 일반 소비자들도 탄소 배출에 대한 반감을 갖게 되었기에 기업 이미지를 관리하기 위해서도 이러한 적극적인 조치가 필요한 상황이 도래한 것이다.

에너지 생태계의 거대한 전환점에서

적어도 테슬라Tesla가 2012년 모델S를 출시하기 전까지 전기차가 당장 10년 내에 대세가 될 자동차라고 생각한 사람은 별로 없었다. 건물 지붕에 설치된 태양광 패널을 보면서 이러한 재생에너지가 화석연료를 몰아내고 대세 에너지로 자리잡을 것이라고 예상한 사람도 별로 없었던 게 사실이다. 전기차는 기능도 불완전하고 성능에 비해 비싸기만 해서 특정한 취향을 가진 일부 소비자층만을 위한 자동차라는 인식이 강했다. 청정에너지의 생산과 소비는 우리 생활에 깊숙하게 들어와 있지도 않았고, 가까운 미래에 그렇게 될 것이라고 대중에게 인식되지도 않았다. 하지만 이제 세상은 급격히 바뀌고 있다.

2021년 1월 기준, 2020년 한 해 동안 800만 대 가까운 자동차를 생산한, 112년 전통을 자랑하는 GM의 시가총액은 700억 달러 남짓했다. 반면에 불과 70만 대도 생산하지 못한 테슬라는 전 세계적으로 엄청난 붐을 일으키며 시총이 8,000억 달러에 육박하게 되었다. 이로 인해 테슬라의 일론 머스크는 아마존의 제프 베조스를 넘어 세계 제1의 부자로 등극했다 2021년 말 기준으로 시총 1조 달러를 훌쩍 넘어섰다. 이것은 새로운 시대의 개막을 상징한다. 가까운 미래에 전기차가 기존 내연기관 자동차를 밀어내고 대세가 될 것임을 의심하는 자는 이제 거의 없다.

이러한 변화의 물결 속에, 수소 연료전지 트럭을 생산할 '계획'만 가지고 있을 뿐 양산 공장조차 없던 한 신생 회사가 한때 GM의 시가총액을 상회하기도 했다. 십년 이상 꾸준히 마이너스 영업 이익을 내고 있는 연료전지 회사들의 주가 역시 2021년 초를 기점으로 폭등세를 이어가기도 했다.

전 지구적으로 탄소제로 사회를 향해 달려갈 수 있는 모든 여건들이 이렇게 맞아 떨어진 시기는 없었다. 주요 국가들의 강력한 의지가 모아지고 있으며 시장의 거대한 판이 요동치고 있다. 2020년과 2021년은 코로나 바이러스로 얼룩진 시기였지만, 전기 자동차와 수소 연료전지, 풍력 발전 등과 같은 청정에너지에 대한 관심이 급등한 시기이기도 하다. 우리 삶의 방식과 산업계의 구조를 송두리째 바꾸어 놓을 거대한 움직임이 이미 시작되었고 이러한 움직임은 앞으로 수십 년 동안 이어질 것이 분명하다.

2021년 1월 일론 머스크가 세계 제1의 부호로 처음 부상한 날, 벤처 캐피털리스트 차마스 팔리하피티야는 이렇게 말했다.

"세계 최초의 트릴리어네어(trillionaire, 1,000조 원 단위의 부자)는 기후 변화와 싸우는 사람이 될 것입니다. 일론 머스크가 그 첫 번째 사람이 될 가능성이 크다고 생각합니다만, 만약 그가 아니더라도 기후 변화에 성공적으로 대응하는 자는 그 정도로 엄청난 보상을 받을 자격이 있습니다. 너무나 중요한 문제니까요."

풍력, 태양광 시대의 필수 요건: 전기 에너지 저장

경쟁력 갖춘 풍력과 태양광

풍력과 태양광 모두 지난 10여 년 동안 비약적으로 발전하며 기술과 가격 경쟁력을 키워왔다. 그 결과, 이제는 명실상부 유이한 차세대 청정에너지원으로서 독보적인 지위를 확보했다. 몇 년 전만 해도 에너지를 생산하는 데 드는 비용이 화석연료에 비해 상당히 높았지만, 이제는 거의 비슷한 수준을 유지하게 되었다. 가격 경쟁력이 생긴 것이다. 적어도 2025년까지는 세계 거의 모든 곳에서 소위 '그리드 패러티Grid Parity'를 이룰 것이라고 전망하고 있다. '그리드 패러티'란 신재생에너지 발전 단가와 기존 화석연료 발전 단

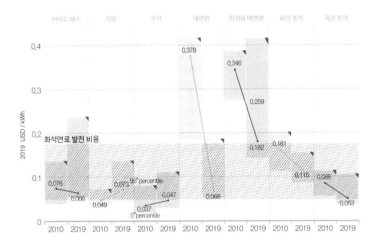

바이오 매스 　　지열　　　　수력　　　태양광　　집광형 태양광　　해상 풍력　　육상 풍력

0.4

0.378

0.346

0.3

0.259

2019 USD / kWh

0.2

화석연료 발전 비용

0.182　0.161

0.1　　0.076　　　　　0.073　95th percentile

0.066　　　0.047

0.049

0.037

5th percentile

0.068

0.115　0.088

0.053

0

2010　2019　　2010　2019　　2010　2019　　2010　2019　　2010　2019　　2010　2019　　2010　2019

[1-6] 전력 생산 에너지원별 균등화 발전 원가(Levelized Cost of Energy, LCOE) 비교. 지난 10년간 태양광과 풍력의 가격 경쟁력이 급속히 진전되었고, 이제는 화석연료와 비슷하거나 우월한 지위에 올랐다. 출처: 국제재생에너지기구 Renewable Power Generation Costs, 2019.

가가 같아지는 시점을 말한다.

2020년 기준 동아시아와 러시아 등 일부 지역을 제외하고 중국, 유럽, 아메리카, 중동 등 세계의 많은 지역에서 이미 화석연료보다 풍력이나 태양광을 이용해서 전력을 생산하는 것이 더 경제적인 옵션이 되었다[1-6].

특히 태양광은 신재생에너지의 급속한 확대에 크게 기여했다. 2020년 말까지 전 세계 누적 용량으로 총 759GW의 태양광 발전 설비가 설치되었다. 2010년 50GW에도 미치지 못하던 누적 용량

육상 풍력
해상 풍력
고정형 태양광
추척식 태양광
천연가스
석탄
미상

독일
영국
미국
브라질
남아프리카공화국
일본
중국
인도
호주

[1-7] 2020년 국가별 단위 전력당 생산 단기가 가장 낮은 전기 에너지원 (출처: BloombergNEF)

이 단 10년 만에 15배 이상 성장했다. 중국253GW, EU151GW, 미국 93GW 순으로 많이 설치되었고, 우리나라는 총 16GW를 기록하고 있으며 이는 세계에서 9번째에 해당한다.

풍력 발전이 본격적으로 설치된 것도 태양광과 마찬가지로 대략 20년 정도 되었는데, 가격 경쟁력을 살펴보면 특히 지난 5년 동안 비약적인 발전을 이뤄냈다. 5년 전에 비해 발전 단가가 대략 절반이 된 것이다.

풍력은 육상 풍력onshore wind과 해상 풍력offshore wind으로 크게 나눌 수 있다. 유럽, 미국, 중국, 인도 등지에서 많이 설치된 육상 풍력 발전의 경우 최근 신규 설치 속도가 상대적으로 더디다. 육상 풍력

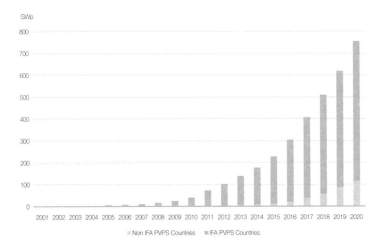

GWp

■ Non IFA PVPS Countries　　■ IFA PVPS Countries

[1-8] 지난 20년간 전 세계 누적 태양광 발전 전력은 기하급수적으로 증가하고 있다. 출처: International Energy Agency Photovoltaic Power Systems, IEA PVPS. IEA PVPS 프로그램에 참여하고 있는 국가는 2020년 기준 우리나라를 포함해서 27개국이 있다.

단지의 설치에 대해서 님비Not In My Back Yard, NIMBY 현상과 환경 보호 단체들의 반발, 그리고 새로 생겨난 각종 규제에 대한 인증 절차 등이 발목을 잡았다. 그럼에도 불구하고 미국의 경우 2019년까지 105GW의 누적 설치량을 보였는데, 바이든이 공약한 내용이 그대로 이행될 경우 향후 15년간 총 360GW에 이르는 어마어마한 양의 풍력 발전 시설이 신설될 예정이다.

　해상 풍력의 경우에는 아직 전체 누적 용량이 육상 풍력에 비해 2019년 기준 약 10% 밖에 되지 않지만, 최근 육상 풍력에 비해 훨씬 빠른 성장세를 보이고 있고 앞으로의 미래도 밝다. 인구가 밀집된 곳에는 큰 전력이 필요하지만 육상 풍력 단지를 설치하기가 어렵다. 주민들의 반발이 크고 넓은 용지를 확보하는 것도 쉽지 않기 때문이다. 이럴 경우에는 해상 풍력 발전이 대안이 될 수 있다. 앞서 설명한 제약에서 상대적으로 자유롭기 때문이다. 물론 풍력 발전 예정지가 어민들의 조업 활동에 지장을 줄 경우에는 상당한 진통을 겪을 수도 있지만 육상 풍력에 비해서는 갈등 요소가 적다. 또한 해상에서의 바람은 육상보다 대체로 훨씬 세고, 바람을 막는 산이나 건물 등이 없다는 점도 육상 풍력에 비해 유리하다.

특히 우리나라와 일본의 경우에는 육상 풍력 자원은 빈약하지만 해상의 경우에는 상당히 좋은 질의 풍력을 갖고 있어서, 가장 유망한 재생에너지 자원으로 주목받고 있다. 현재는 영국, 독일 등 유럽과 중국이 설치 용량 측면에서 선도하고 있는데, 향후 30년간 유럽, 중국뿐 아니라 우리나라, 일본, 대만 등 아시아 제반 지역에서도 기하급수적으로 성장할 것으로 예상된다. OREAC^{Ocean Renewable Energy Action Coalition}에 따르면, 2050년까지 해상 풍력만 전 세계에 걸쳐 1,400GW에 달할 것이라고 한다. 이는 현재 우리나라 전력 총생산의 10배에 이르는 어마어마한 양이다.

전기 에너지 저장: 신재생에너지 시대의 필수 요건

산업혁명 이후 지금까지 인류의 주요 에너지원은 화석연료였다. 그러나 앞으로는 그 자리를 신재생에너지가 차지하게 될 것이다. 특히 풍력과 태양광이 주류를 이룰 것으로 전망된다. 지난 10~20여 년의 집중적인 기술 개발로 인해 규모가 커졌고 이에 따라 경제성까지 갖췄기 때문이다.

화석연료라는 에너지원과 풍력 및 태양광이라는 에너지원 간에는 큰 차이가 존재한다. 화석연료는 에너지원이면서 동시에 에너지 매개체이기도 하지만 풍력과 태양광은 에너지원일 뿐 에너지 매개체는 아니기 때문이다.

화석연료는 특정 장소에 보관하다가 우리가 원하는 때에 가져다가 화력 발전 등을 통해 전기를 만들어낼 수 있다. 화석연료는 다른 에너지로 전환할 수 있는 에너지원이기도 하면서 그 자체로 에너지를 오랫동안 보관할 수도 있고, 에너지가 필요한 다른 지역으로 보낼 수도 있는 에너지 매개체이다. 2020년 여름 코로나 바이러스 사태가 악화되면서 국제 유가가 폭락하자 중국이 원유를 사상 최대 규모로 사재기한 일이 있었다. 가격이 쌀 때 사 놓았다가 추후 코로나 사태 회복의 기대 속에 늘어날 원유 수요에 적절히 대응하겠다는 계산이었다. 이렇듯 화석연료는 거래와 이동이 가능하고 또 장단기적으로 저장도 가능한 에너지 매개체이다.

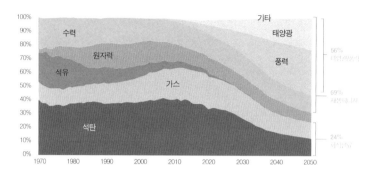

[1-9] 과거와 미래의 전기 생산 에너지원. 전기 생산을 위해서 추후에는 화석연료의 사용은 점차 줄어들고, 재생에너지 그 중에서도 특히 태양광과 풍력의 비중이 급격하게 커질 것으로 보인다. (출처: BloombergNEF, 2020)

반면 신재생에너지는 깨끗한 에너지원이기는 하지만 에너지 매개체는 될 수 없다. 즉 바람과 햇빛을 저장할 수도 없고, 다른 곳으로 보낼 수도 없다. 바람과 햇빛을 이용해 즉시 전기를 만들 수는 있는데, 전기도 생산되는 순간 소비되거나 다른 형태로 저장되지 않으면 버려질 수밖에 없는 에너지이다. 이런 의미에서 본다면 전기 자체도 에너지 매개체는 아니다. 불행히도 전기 수요에 딱 맞추어 바람이 더 쌩쌩 불고 햇빛이 더 쨍쨍 내리쬐도록 할 수가 없기 때문이다. 그래서 필요한 양을 초과하는 전기가 생겼을 때 저장해 두었다가 전기 수요가 커지는 시점에 가져다 쓸 수 있도록 전기를 저장할 수 있는 매개체가 따로 필요하다.

전기의 수요는 시간대별로도 달라지지만, 계절별로도 달라진다

[1-10]. 여름에 남는 전기를 저장했다가 겨울에 쓰거나 할 수 있어야 한다는 것인데, 이것은 엄청나게 큰 규모의 에너지를 저장할 수 있는 매개체가 필요하다는 것을 뜻한다.

대규모의 에너지를 생산한 곳에서 에너지 수요가 큰 다른 장소로 이동시키기 위해서도 역시 에너지 매개체가 필요하다. 수백 km 이내의 가까운 거리는 전력망을 통해 전기에너지를 바로 보내줄 수 있겠지만, 멀리 바다 건너 있는 타국으로 에너지를 보내기 위해서는 별도의 에너지 저장 및 운송 수단이 필요한 것이다.

이렇듯 장기적인 에너지 수급의 불균형과 대규모 에너지의 장거리 이송을 위해서는 유틸리티급한국전력과 같은 전력 생산업체에서 생산하는 규모의 에너지 저장 매개체가 필수적이라고 하겠다.

전기 에너지 저장, 아직은 초보 단계

전기 에너지를 저장할 수 있는 방법은 여러가지가 있겠지만, 한 플랜트당 GWh급 대용량의 에너지를 저장할 수 있는 방법으로 현재 양수 발전Pumped Hydro Energy Storage, PHES과 압축공기 발전Compressed Air Energy Storage, CAES정도가 있다.

양수 발전은 전기가 필요할 때에는 높은 곳에 있는 물을 아래로 흘려 발전을 하고, 여분의 전기가 있을 때는 그 전기로 낮은 곳의 물을 높은 곳으로 끌어올림으로써 에너지를 저장하는 방식이다.

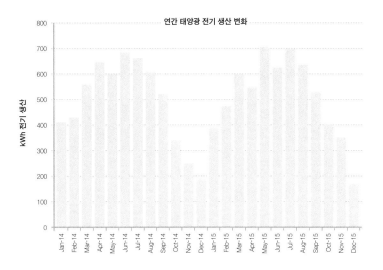

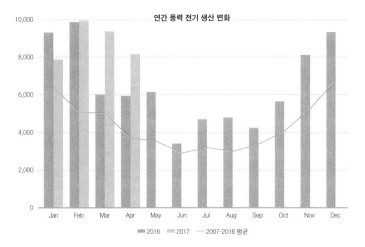

[1-10] 태양광과 풍력을 통한 전기 생산은 시간대별로 굴곡이 심할 뿐 아니라, 계절별로도 큰 변화를 보이기 때문에, 잉여 전력의 장기적인 저장이 필수적이다. (위) 미국 동부 지역에 위치한 한 가정의 2014~2015년의 월별 태양광 발전량 예시. (아래) 독일의 2016~2017년의 월별 풍력 발전량(단위: GWh). (출처: 위_ Solarflect Energy; 아래_ Clean Energy Wire, 2020)

하지만 이러한 저장 장치는 지리적 제한이 매우 크다. 수차가 크고 유량이 많은 환경이 조성된 곳에서만 경제성이 있기 때문에, 시설의 위치와 규모의 결정에 있어서 제한을 받는다. 게다가 자연 및 주거 지역 훼손, 그로 인한 주변 주민들의 반발 등으로 인해 이를 건설할 수 있는 부지는 더욱 제한된다. 미국 같은 경우에는 70년대와 80년대에 집중적으로 건설되었다가 이후에는 비교적 뜸한데, 중국과 브라질을 비롯한 개도국 중심으로는 최근까지 많은 수력 발전 시설이 건설되거나 계획되고 있다. 2020년 현재 1GW 이상의 시설은 전 세계적으로 약 70여 개 정도인데, 3GW의 출력과 24GWh의 에너지 저장 규모를 가진 미국 버지니아주 배스 카운티 시설이 가장 큰 규모의 시설로 알려져 있다.

압축공기 발전 장치는 기본적으로 남은 전력으로 공기를 압축시켜 두었다가 전력이 필요할 때 압축된 공기로 전기를 생산하는 방식이다. 상당히 낮은 에너지 밀도 때문에 GWh급의 에너지 저장을 위해서는 폐광산이나 자연 상태의 지하 공간_{암염 공동 등}과 같은 이미 존재하고 있는 거대한 빈 공간을 이용하게 된다. 1991년에 만들어진 미국 앨라배마주의 맥킨토시 플랜트가 가장 큰 시설로 110MW급 출력을 내도록 만들어졌다. 2.9GWh의 에너지를 약 70m 지름의 암염 공동에 저장할 수 있고, 압축 상태의 공기는 약 75기압에 이른다고 한다. 하지만 이러한 방식도 양수 발전과 마찬가지로 입

맛에 맞게 원하는 곳에 원하는 크기로 시설을 만들기가 어렵다. 공기를 대량으로 저장할 수 있는 곳에서만 가능하기 때문에 지리적 환경의 제한을 받을 수밖에 없다.

현재까지는 양수 발전이 다른 어떤 에너지 저장 방식보다 압도적으로 많은 양의 전기 에너지를 저장하는 방식이다. 국제수력학회에 따르면, 현재 전 세계적으로 약 1,600GWh^{또는 1.6TWh}의 에너지를 양수 발전 방식으로 저장하고 있고, 이는 전체 저장된 에너지의 대부분^{94%}을 차지한다. 하지만 현재 이를 이용해 저장 가능한 에너지의 양은 한 해 동안 생산된 전체 전력량에 비하면^{2020년 기준 약 27,000TWh} 무시할 수 있을 정도로 미미하다. 다시 이야기하면, 현재 유의미한 규모의 전기 에너지 저장은 이뤄지지 않고 있다는 게 현실이다.

그럼에도 불구하고 이러한 상황은 최근까지 크게 문제되지 않았다. 왜냐하면 지금까지 전력을 생산하기 위한 에너지원의 대부분이 화석연료와 원자력인데, 이들은 에너지원이면서 동시에 에너지 매개체 역할도 하기 때문이다. 화석연료와 우라늄은 보관해 두었다가 우리가 원할 때 가져다가 전력을 만들 수 있었다. 하지만 풍력과 태양력이 주요한 에너지원이 되는 미래에는 큰 규모의 전기 저장이 전제되어야만 한다. 풍력과 태양력은 사람의 의지가 아니라

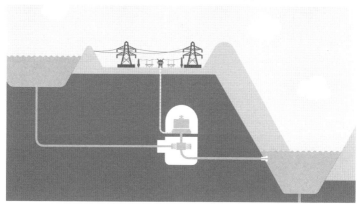

2020년 연간 전 세계 전기 에너지 생산량:
약 27,000 TWh

전 세계 양수 발전 에너지 저장 용량:
약 1.6 TWh

[1-11] 현재까지는 양수 발전 방식으로 대부분의 전력을 저장하고 있으나, 이를 통한 전 세계 에너지 저장 용량은 연간 생산되는 전기 에너지에 비하면 극히 일부에 불과하다. (이미지 원본: Hydro Tasmania)

날씨와 기후에 좌우되고, 이들로부터 만들어지는 전기는 당장 쓰이거나 저장하지 않으면 사라져 버리기 때문이다.

전력 저장 장치가 있으면 이를 통해 전력이 남아돌 때 전력을 저장했다가 전력 수요가 높을 때 방전시켜서 전력을 보충해 줄 수 있다. 뿐만 아니라 새로운 발전소를 만들 때 최대 전력 수요를 고려해서 용량을 정하게 되는데, 이렇게 유동적으로 전력의 저장과 공급이 가능한 장치가 있으면 불필요한 발전소 건설을 피할 수 있다. 또 전력 공급이 모자라는 때에는 전력망의 주파수가 떨어지게 되고 반대로 공급이 지나치게 되면 주파수가 높아지게 되는데, 정전 등의 사고를 피하기 위해서는 주파수를 안정된 범위 안으로 조정하는 것이 필요하다. 저장 장치를 통해 이에 유동적으로 대처할 수 있게 된다.

그러나 양수 발전과 압축공기 발전 방식으로는 앞으로 신재생에너지 시대가 요구하는 정도의 대규모 전기 에너지 저장이 어렵다. 그렇다면 우리에게는 어떤 선택지가 있을까?

W와 Wh

W라트는 전력의 단위로서 단위 시간 당 얼마만큼의 전기를 생산하는지를 나타내는 단위이다. 미터가 길이를 측정하기 위한 단위라면 W는 전력을 측정하기 위한 단위라는 뜻이다. Wh와트시는 일정 시간 동안 얼마나 많은 전기를 생산했는지를 나타내는 에너지양의 단위이다. W와트에 h시간를 곱하면 Wh가 된다. 예를 들어 2kW 전력으로 3시간 동안 전기를 생산했다면 생산된 전력량은 2kW x 3h = 6kWh가 된다.

즉 W는 전력의 단위, Wh는 전력량의 단위이다. 보통 전력이 큰 시설이 저장 에너지의 양도 큰 경향이 있지만, 전력과 전력량이 꼭 비례한다고 할 수는 없다. 예를 들어, 어떤 양수 발전소에서 물이 떨어지는 높이도 높고 물의 양도 많은데 물이 저장되어 있는 저수지가 작다면, 큰 전력을 뽑아 낼 수는 있지만 오랜 시간 동안 에너지를 생산하기는 힘들다. 이 발전소는 W는 크지만, Wh는 작은 시설이 된다.

　W나 Wh 등의 단위 앞에 붙는 k킬로, M메가, G기가, T테라는 10^3, 10^6, 10^9, 10^{12}를 의미한다.

　그럼 1GW와 1GWh는 어느 정도로 큰 것일까?

　우리나라 증기력, 수력, 원자력, 신재생 등 발전 설비 모두를 통틀어 전체 발전 설비는 2020년 기준 129GW, 같은 해 전기 에너지 총 생산량은 552,000GWh또는 552TWh에 이른다.

　원자력 발전의 경우, 1기에서 뽑아낼 수 있는 전력이 약 0.6~1.4GW 사이인데 고리원자력 발전소에서는 7기가 운전 중2021년 기준이며 총 7GW 정도의 전력을 낸다.

수소 = 미래의 에너지 매개체! 왜?

전기 에너지 저장을 위한 조건

신재생에너지 사회에서 에너지 매개체로 사용되기 위한 자격 요건은 상당히 까다롭다. 우선 석탄과 석유를 이곳저곳 필요한 곳으로 가져와서 쓸 수 있었던 것처럼, 신재생에너지 사회에서도 에너지 매개체를 에너지가 필요한 다른 곳으로 손쉽게 옮길 수 있어야 한다.

양수 발전이나 압축공기 발전 같은 경우는 저장된 에너지를 그 자리에서 전기로 뽑아내서 쓸 수는 있겠지만, 다른 곳으로 보낼 수는 없다. 높은 저수지에 있는 엄청난 양의 물을 그 높이를 유지하며 다른 곳으로 다 옮길 수는 없는 노릇이다. 마찬가지로, 동굴에 저장된 그 많은 압축된 공기를 빼내서 그 압력을 유지한 채로 다른 곳으로 가져갈 수도 없다. 다른 곳으로 가져가서 도착지의 또 다른 발전기로 전력을 뽑아낸다고 하더라도 초기 투자 비용과 운영 비용 측면에서 보면 경쟁력은 제로에 근접할 것이다.

따라서 저장된 대량의 에너지를 다른 곳으로 이동할 수 있는 매개체가 필요하다. 이것을 가능하게 하는 방법은 남는 전기를 이용해서 저장과 이송이 가능한 매개체, 즉 새로운 연료를 생산해 내는 것이다. 그러면 그 연료를 수요가 있는 다른 곳으로 옮겨갈 수 있고, 또 그 연료를 이용해서 필요할 때마다 전기를 만들어내면 된다. 게다가 양수 발전이나 압축공기 발전과는 다르게 연료 저장 공간을 원하는 규모로 원하는 위치에 설치할 수 있다면, 에너지 저장의 규모나 위치의 제약도 사라지게 된다. 연료 저장 공간의 크기를 선택해서 작게는 수백 Wh 규모부터 크게는 수십 GWh 규모까지 용도에 맞게 유동적으로 설계할 수 있게 되는 것이다.

또 다른 주요한 요건 중 하나는 연료에서 전기로, 또 전기에서 연료로의 전환 과정에서 탄소를 배출하지 않아야 한다는 점이다. 당연하게도 이 전환을 위한 기술이 존재하고, 이들 시스템의 설치와 운영이 경제성 측면에서도 경쟁력을 갖출 수 있어야 한다. 연료의 경제적인 운송을 위해 기본적인 에너지 밀도 역시 충분히 높아야 한다. 이 연료를 자동차, 트럭, 기차, 선박, 항공기 등 운송 수단의 파워트레인에 적용할 때에도 높은 에너지 밀도는 필수적이다. 일부 한정된 용도가 아니라 운송, 발전, 난방 등 모든 섹터의 에너지 매개체로 쓰일 수 있어야 한다는 점도 중요한 조건이다.

수소가 답이다

결론부터 말하자면, 이러한 조건을 모두 만족하는 연료는 수소가 유일하다.

수소는 당연히 저장 탱크에 저장할 수 있고, 저장된 수소는 파이프라인을 통하거나 트럭, 배 등의 운송 수단에 실어 먼 거리로 이동시킬 수도 있다. 게다가 수소는 무게당 에너지 밀도가 휘발유의 4배, 천연가스의 3배 정도이고, 전기차에 쓰이는 리튬 이온 배터리에 비해서도 100배 가량 커서 운송 수단의 연료로도 상당한 강점이 있다. 다만 기체 상태의 수소는 부피당 에너지 밀도가 아주 낮기 때문에 다양한 방법을 통해 대응할 필요가 있다. 고압으로 압축하거나 액화시키거나, 아니면 새로운 화합물로 전환시키는 등의 방식들이 쓰이고 있다.

그리고 수소는 전기를 이용해 물을 수소와 산소로 분해시키는 수전해 장치electrolyzer를 통해서 대량 생산이 가능하며, 이렇게 만들어진 수소를 연료전지 장치 안에 넣으면 공기 중의 산소와 반응시켜 다시 전기를 생산할 수 있다. 즉 수소와 전기 사이에 상호 전환이 용이하도록 하는 기술이 이미 수십 년간의 연구 개발과 실증을 통해 갖추어져 있다. 앞으로 연료전지와 수전해 기술에 남은 미션은 더 큰 내구성을 확보하고 가격 경쟁력을 높이는 정도라고 할 수 있다. 또한 이 전기와 수소 간의 전환 과정은 탄소를 배출하지 않아서 완전히 깨끗하다.

뿐만 아니라 지금 인류가 사용하고 있는 모든 자연 상태의 화석 연료와 가공된 연료가스, 석유 등는 화합물로서 수소를 포함하고 있는

[1-12] 수소가 미래 에너지 매개체로서 갖는 이점들

수소에 대한 기초 상식

- 가장 가벼운 물질이다.

  그래서 공기 중에 두면 바로 날아가

  버린다.

- 우주 물질의 75%를 차지한다.

- 지구의 자연 상태에서는 순수한 수소 분자H₂가 거의 존재하지

  않으며, 대부분 다른 원소와의 화합물로 존재한다.

  지구의 70%를 덮고 있는 물H₂O이 가장 대표적이다.

  모든 유기 물질식물, 동물, 단백질 등에도 수소가 포함되어 있다.

- 대기압 하에서는 끓는 점이 무려 섭씨 영하 253도에 이른다.

  즉 액체 상태로 만들려면 영하 253도 또는 그 이하로 온도를 내려

  야 한다.

- 무게당 에너지의 양이 가솔린, 부탄, 메탄올, 메탄가스보다 훨씬

  크다.

- 하지만 압축하지 않은 수소의 부피당 에너지의 양은 상당히 작다.

- 무색, 무취, 무해한 물질이다.

데, 앞으로 필요한 경우 수소를 이용해서 이들 연료를 재합성할 수도 있다. 이러한 수소의 능력은 앞으로 수소사회로 나아가기 전에 거쳐야 할 과도기에서 상당히 유용한 능력이라고 할 수 있다. 왜냐하면, 항공기와 같이 수소 기반의 파워트레인으로 전면적으로 전환되기까지 기술적, 산업적으로 상당한 시간이 소요될 수밖에 없는 곳에서는 기존의 탄화수소 연료에 상당 기간 의존해야 하기 때문이다. 수소H_2를 따로 포집한 이산화탄소CO_2와 결합시켜 만든 탄화수소를 이용하게 되면 이산화탄소의 순배출을 제로로 만들게 된다.

배터리로 저장하면 안되나?

현재까지 양수 발전을 제외하고 가장 많은 에너지를 저장할 수 있는 방법은 대형 배터리를 이용하는 방식이다. 흔히 ESS$Energy Storage System$라고 부르는 에너지 저장 장치의 대부분은 현재 리튬 이온 배터리로 만들어진다.

2020년 기준으로 전 세계에 누적 규모 약 50GWh의 에너지 저장 용량이 ESS로 구축되어 있는데, 이는 현재 가동되고 있는 전 세계 양수 발전 시설의 3.1% 정도에 해당한다. 앞으로 본격적으로 펼쳐질 재생에너지 사회에서는 시간적$계절 간$, 공간적$대륙간$ 에너지 수급 안정을 위해서 총 연간 전기 에너지 수요에서 적어도 10% 정도$전 세계적으로 2020년 기준 약 2,700TWh$는 저장될 필요가 있는데, 그 양을 배터리 기반의 ESS로 구축하기 위해서는 천문학적인 자본과 자원이 들게 된다. 그러므로 수소로 변환해서 저장하는 것이 훨씬 저렴한 방식이다. 발전소 규모의 대형 시설에 대해서는 더욱 그렇다.

이 책의 후반부에서 더 많은 논의를 할 것이지만, 배터리는 대용량으로 설치하는 것보다 자동차나 가정용 태양광 등 분산 발전의 에너지 저장 장치로서 작은 용량에 훨씬 적합하다. 가장 큰 이유는 각각의 배터리 안에는 전기를 발생시키는 구역과 에너지를 저장하는 구역이 따로 구분되어 있지 않고 태생적으로 한 곳에 밀폐되어 만들어져 있다는 점이다. 즉 더 많은 에너지를 저장하기 위해서는 그에 정비례하게 더 큰 배터리를 설치해야 한다. 그렇기 때문에 대규모 저장 시설로 쓰기에는 가격 경쟁력이 현저히 떨어질 수밖에 없다.

이는 양수 발전과 압축공기 발전, 수소 연료전지 시스템의 경우와는 완전히 다르다. 왜냐하면 이들은 전기를 생성하는 발전 장치와 에너지를 저장하는 장치가 완전히 분리되어 있어서, 더 많은 에너지를 저장하기 위해서는 꼭 발전 장치를 키우지 않더라도 저장 장치_{양수 발전의 경우 저수지, 압축공기 발전의 경우 공기 저장소, 수소의 경우 수소 저장 장치}만 큰 것을 쓰면 되기 때문이다. 게다가 재생에너지 사회에서는 저장된 에너지를 이곳저곳으로 쉽고 싸게 옮길 수 있어야 한다. 수소를 값싸게 많이 생산하는 나라가 수소를 필요로 하는 나라로 대규모의 수출도 할 수 있어야 한다.

최근 가장 많이 대중화되어 있는 이차전지인 리튬 이온 배터리의 경우, 다른 이차전지에 비해 가장 밀도가 크다는 장점을 지니고 있지만 배터리의 무게당 에너지 밀도를 수소의 에너지 밀도와 비교하면 1/100에 불과하다. 대용량 배터리를 만들기에 불리한 이유가 여기에 있다.

배터리의 용량을 늘리려면 배터리 전체의 개수나 크기도 정비례해서 늘려야 하므로, GWh급의 이차전지를 이용한 에너지 저장 장치는 실효성이 없다.

이런 이유로 앞으로도 배터리는 전력망보다는 소형 전자기기나 소형 운송 수단에 훨씬 많이 이용될 것으로 예측된다. 자동차에 쓰이는 배터리를 생각해 보자. 자동차 모델별로 편차가 있지만 자동차 1대당 대략 50kWh~100kWh 용량의 배터리가 들어간다.

국제에너지기구IEA의 '2021 글로벌 전기차 전망' 보고서에 따르면, 2030년까지 글로벌 시장에서 보급되는 전기차가 최대 2억 3천만 대에 이를 수 있다고 한다. 이 예측대로 이루어진다면, 매년 약 17.3TWh의 배터리가 소요된다대당 평균 75kWh의 용량을 고려. 반면 전력망용 배터리 ESS의 총용량은 1TWh에 훨씬 못 미칠 것으로 예상된다.

최근에는 대용량의 에너지 저장을 위해 발전 장치와 저장 장치가 분리될 수 있는 '흐름전지flow battery'라고 불리는 새로운 개념의 배터리가 개발되고 있다. 수명이 리튬 이온 배터리보다 10배 이상 길고, 인체 유해성도 훨씬 낮은 장점이 있다. 주로 리튬 이온 배터리로 만들어진 ESS의 경우 최근 화재 사고가 빈번했지만, 흐름전지는 인화성이 낮아 안전성도 높다. 그러나 에너지 효율은 70% 정도로 90%에 이르는 리튬 이온 배터리에 비해 낮고, 아직은 높은 전해질 비용 때문에 경제성도 낮은 상황이다. 현재까지는 kWh에서 MWh급에서만 적용되어 왔고, GWh급의 배터리 단지는 아직 계획이 없다.

더구나 이를 이용해 에너지를 이동시키려면, 무거운 전해액을 옮겨야 하고, 다시 전력을 생산하기 위해서는 도착지에너지 소비가 일어나는 장지에서도 흐름전지 장치가 필요하다. 무게 대비 에너지 밀도는 리튬 이온 배터리보다도 훨씬 낮다. 기술의 발전이 이루어져 경제성을 갖춘다 하더라도 근본적으로 낮은 에너지 밀도 등으로 인해 자동차나 선박용 파워트레인 등에 적용하기도 어렵다.

결국 현재의 시점에서 미래 에너지 생태계 전반에 범용으로 쓰일 수 있는 대용량 에너지 매개체가 되기에는 한계가 명확하다고 할 수 있다.

이온 배터리와 흐름전지

휴대폰, 노트북 등 소형 전자기기부터 전기차까지 충전이 가능한 배터리^{이차전지}는 거의 대부분이 리튬 이온 배터리^{Lithium Ion Battery}이다. 이 배터리의 음극 재료로는 대부분 흑연을 쓰는 반면, 양극 재료로는 주로 니켈^{Ni}, 코발트^{Co}, 망간^{Mn}, 알루미늄^{Al}, 철^{Fe} 등의 금속과 산소^O가 결합된 금속산화물이 쓰이고 있다. 양극 재료로 쓰이는 혼합물에 따라 흔히 NCA^{니켈, 코발트, 알루미늄으로 만들어진 산화물}, NCM, NCMA 등으로 리튬 이온 배터리 종류를 간략하게 구분하여 칭하기도 한다.

 리튬 이온 배터리는 외부 전기 에너지의 힘으로 양극에서 음극으로 리튬 이온^{Li+}을 이동시킴으로써 충전하고, 음극에서 양극으로 리튬 이온을 스스로 다시 보내어 방전하면서 밖으로 전기 에너지를 보낸다.

 그림에서 보듯이, 충전을 하게 되면 리튬 이온들이 양극 쪽에서 옮겨와서 분리막을 통과한 후 흑연의 탄소층 사이에 저장된다. 방전을 하게 되면 리튬 이온들은 반대로 음극에서 빠져나와 금속화합물의 격자 사이에 들어가 저장된다. 따라서 리튬 이온 배터리에 더 많은 전기 에너지를 저장하기 위해서는 그만큼 더 많은 양의 음극과 양극 물질이 필요하게 된다.

지금은 리튬 이온 배터리가 자동차와 대규모 저장 장치 등 많은 영역에서 가장 널리 쓰이고 있지만, 나트륨$^{Na^+}$, 마그네슘$^{Mg^{2+}}$, 알루미늄$^{Al^{3+}}$ 등 다른 값싼 이온을 이용한 배터리도 많이 연구 개발되고 있다. 리튬 이온 배터리와 원리는 같지만 움직이는 이온의 종류만 다른 것이다. 이 책에서는 편의상 리튬 이온 배터리를 간단히 배터리라고 칭하도록 한다.

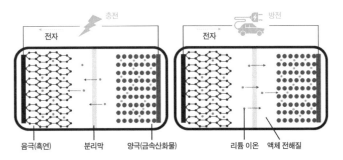

외부 전기 에너지를 받아서 충전하는 과정(왼쪽)과 외부로 전기 에너지를 내어주는 방전 과정(오른쪽)

이 그림을 들여다보면 배터리에서 왜 전력과 전력량을 원하는 크기로 따로 디자인할 수 없는지 알 수 있다. 먼저 전력이란 얼마 만큼 빨리 충전 또는 방전을 할 수 있는지를 나타낸다. 전기를 주어진 시간 동안 많이 흐르게 하려면 많은 양의 이온이 한꺼번에 흐를 수 있게 해야 하는데, 이를 위해서는 두 전극음극과 양극이 마주 보는 면적을 넓혀야 한다.

한편 전력량은 얼마 만큼의 전기를 저장할 수 있는가 하는 것인데, 전력량을 늘리기 위해서는 이온이 많이 저장될 수 있도록 전극의 양을 늘려야 한다.

만일 전력은 그대로 두고 전력량만 늘리려면 그림에 보이는 전극 물질을 단순히 더 두껍게 만들면 될 것 같지만, 그렇게 하면 이온이 안쪽까지 제대로 들어갈 수 없게 된다. 두꺼워진 만큼 이온이 전극을 통해서 이동하기가 점점 어려워지기 때문이다.

따라서 전력량을 키우기 위해서도 두 전극이 마주 보는 넓이를 키울 수밖에 없고, 이것은 곧 전력도 키우는 결과를 낳는다. 즉 전력과 전력량을 따로 자유롭게 조절할 수가 없다. 연료전지 시스템에서 전력량을 키우려면 연료전지 모듈은 그대로 두고 수소 탱크만 키우면 되는 것과는 대조된다.

대용량의 저장 장치를 구현하기 위해서는 전력보다는 전력량을 대규모로 만드는 것이 중요한데, 이에 적합한 새로운 형태의 이차전지가 바로 흐름전지flow battery이다.

대표적인 흐름전지는 네 개의 산화수2, 3, 4, 5를 가질 수 있는 바나듐V을 기반으로 한다. 외부 전기를 이용해 충전을 하게 되면 양극 전해액이 V^{4+}에서 V^{5+}로 전환되고 음극 전해액은 V^{3+}에서 V^{2+}로 바뀌게 된다.

이렇게 충전된 상태의 전해액을 반응기에서 펌프로 뽑아내어 외부 저장 탱크에 저장한 후에 전기가 필요할 때 반응기 내부로 끌어와 반응시키면 자발적으로 양극과 음극에서 각각 V^{4+}와 V^{3+}로 다시 바뀌면서 외부로 전기로 내어 주면서 방전된다.

그림에서 보이는 것처럼, 더 많은 에너지를 저장하기 위해서는 전해액을 담는 저장 탱크의 크기만 키우면 된다. 반면 더 빠르게 충전과 방전을 수행하기 위해서는 반응기를 키우면 된다. 즉 전력과 전력량을 따로 자유롭게 디자인할 수 있는 방식이다.

흐름전지는 별도의 시스템 교체 없이 전해액만 추가하여 용량을 늘일 수 있는 장점과 함께, 충방전 사이클 수명이 반영구적이고 화

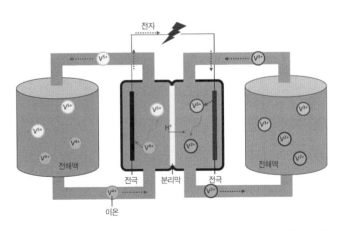

바나듐(V) 흐름전지의 충전 과정 모식도. 방전 과정은 충전 과정의 반대 방향으로 진행된다.

재나 폭발의 위험이 없다. 반면에 리튬 이온 배터리에 비해 에너지 효율약 70%이 낮고, 에너지 밀도가 낮다는 단점이 있다. 공간에 대한 제약이 차량용보다 훨씬 적은 대용량 에너지 저장 장치로서는 이 낮은 에너지 밀도가 큰 장애가 되지는 않을 것이다.

2부

수소는
어디에 쓰이나

아직도 낯선 이름,
연료전지

수소 이용법, 태우거나 산소와 반응시키거나

수소를 에너지원으로 사용하는 방식은 크게 수소를 직접 연소시키는 방식과 연료전지를 통하는 방식, 두 가지로 나눌 수 있다.

직접 연소하는 방식은 현재의 가스터빈 발전과 원리가 같다. 가스터빈 발전기는 연료가 가진 화학적 에너지를 전기 에너지로 바꾸어 주는 장치라고 할 수 있는데, 우선 압축된 공기에 연료를 연소시켜 생긴 높은 압력을 이용해 터빈을 돌리고 화학적 에너지를 기계 에너지로 바꾸고, 그 터빈의 회전력을 이용해 전기를 만든다 기계 에너지를 전기 에너지로 바꾼다. 현재는 천연가스나 석유 등 화석연료를 연소시켜서 열이나 기계 에너지를 얻는데, 이들 화석연료 대신 수소를 사용하는 것이다. 메탄가스$_{CH_4}$가 주성분인 천연가스를 연소하게 되면, 이산화탄소$_{CO}$가 물$_{H_2O}$과 함께 발생되지만$_{CH_4 + 2O_2 \to CO_2 + 2H_2O}$, 수소를 연소하면 이론적으로는 물만이 유일한 부산물이므로$_{2H_2 + O_2 \to 2H_2O}$ 깨끗한 에너지 전환의 방법이 된다.

하지만 수소를 직접 연소해서 에너지를 얻는 방식에는 여러가지 어려움이 존재한다. 근본적으로 수소는 기존 화석연료와는 연소 특성이 다르다. 그러므로 화석연료를 태워 터빈을 돌리는 기존 시스템을 수소에 그대로 적용할 수는 없다. 수소만을 위한 새로운 시스템을 구현해야 한다. 그런데 새로운 시스템을 구축하고 최적화하기 위해서는 화석연료를 위한 시스템을 최적화하는 데 필요했던 것처럼 긴 시간이 다시 소요될 것이 분명하다.

한꺼번에 화석연료를 수소로 전환하기는 어려워서, 현재는 수소로의 점진적인 전환을 꾀하고 있는 추세이다. 해외에서는 수소와 LNG의 비율을 3:7로 하는 수소 혼소 발전 기술이 이미 상용화되어 있고, 우리나라도 한국서부발전을 중심으로 기존 천연가스 기반의 가스터빈의 개조를 통한 수소 혼소 발전사업을 추진하고 있다.

수소의 연소는 발전소용뿐만 아니라 자동차 내연기관에도 시도되어 왔다. 지금까지 자동차에 적용되어 온 내연기관의 개념을 그대로 가져가되 기존 가솔린이나 디젤 대신 수소를 이용하는 것이다. 대표적인 예가 2000년대 중반 BMW사에서 만들었던 하이드로젠 7Hydrogen 7이다. 린데Linde사의 액체수소를 12기통 내연기관의 연료로 이용한 모델인데, 탄소를 배출하지 않는 청정에너지 차량이라는 점에서 이목을 끌었지만, 낮은 효율과 너무 비싼 가격, 미미한 수소 인프라 등의 이유로 일부 테스트용 차량을 만든 후 생산을 중단하게 된다. 또한 산소O 뿐만 아니라 질소N도 많이 포함하고 있는 공기와 연소하는 과정에서 또다른 대기 오염 물질인 질소산화물NO도 만들어지기 때문에, 별도의 배기가스 정화 과정을 거쳐야 하는 추가적인 어려움도 있었다.

한편 수소를 이용한 연료전지는 연소를 통한 에너지 전환 방식과는 완전히 다른 방식을 취한다. 우선 연료전지는 소위 전기화학적인 반응을 통해 수소H와 산소O를 다른 형태의 에너지로 변환하지 않고 직접 전기 에너지로 변환하는 장치이다. 따라서 에너지 전환 과정에서 손실이 생길 여지가 적다. 실제로 수소를 이용한 연료전지는 에너지 전환 효율이 다른 장치에 비해 매우 높다. 또한 연료전지 내에는 물리적으로 움직이는 부품이 없어서 소음이 거의 없고, 기계적인 움직임으로 인한 고장도 발생하지 않는다.

수소가 아닌 천연가스 등 탄소를 포함하는 다른 연료를 이용하는 연료전지는 이산화탄소를 배출하지만 수소 연료전지는 오직 물만을 배출하는 깨끗한 에너지 전환 장치이기도 하다. 순수한 산소 대신 공기를 이용하더라도, 가스터빈이나 내연기관과는 달리 질소산화물$_{NO_x}$도 거의 배출하지 않는다.

원리는 간단하다

연료전지가 전기를 만들어 내는 원리는 간단하다. 연료전지의 가장 작은 단위인 셀$_{cell}$은 기본적으로 전극/전해질/전극의 세 층으로 이루어진 샌드위치 같은 구조를 보인다. 이러한 셀 구조는 실제로는 연료전지뿐만 아니라 모든 전기화학적인 장치의 기본 구조이다. 리튬 이온 배터리도 역시 전극/전해질/전극 구조로 이루어져 있다.

자동차용 연료전지에 많이 쓰이는 전해질은 보통 머리카락 두께의 1/3 정도인데, 오직 수소 이온$_H+$만을 투과하고 전자$_{electron}$와 가스$_{수소와 산소 분자}$는 통과시키지 않도록 만들어진다. 반면 양쪽 전극은 전자와 가스를 통과 시킬 수 있다. 이 두 전극 중 한쪽으로 수소를 주입하면, 수소 가스$_{H_2}$가 두 개의 수소 원자$_H$로 쪼개지고, 이 각각의 원자가 수소 이온$_H+$과 전자$_e-$로 다시 쪼개진다.

이렇게 생성된 수소 이온은 비로소 전해질을 통과할 수 있게 되고, 통과 후에 다른 쪽 전극에 이르러서는 산소와 전자를 만나 물$_{H_2O}$로 바뀌게 된다.

수소 이온이 전해질을 통과함과 동시에 수소 이온과 같은 수의 전자가 바깥쪽 전선electrical wire을 따라서 흐르도록 강제된다. 이 전자의 흐름은 수소 전극 쪽에서 만들어져서 산소 전극 쪽에서 소비된다. 즉 산소 전극이 양극, 수소 전극이 음극이 되는 전기가 생성되는 것이다.

연료전지에서 이러한 전자의 흐름을 만드는 원동력은 소위 화학적 에너지이다. 수소H₂와 산소O₂가 따로 존재할 때의 화학적 에너지가 이 둘이 결합되어서 물H₂O이 되었을 때의 화학적 에너지보다 더 크다. 이 차이만큼의 화학적 에너지가 연료전지 장치를 통해서 전기 에너지로 변환되는 것이다. 마치 높은 저수지에 있는 물이 낮은 저수지에 있는 물보다 소위 위치에너지가 커서 이 위치

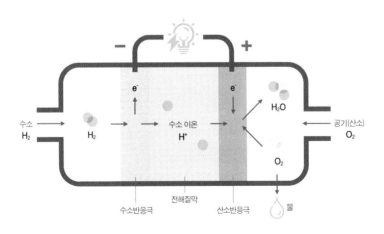

[2-1] 수소 연료전지 셀의 전기 생성 원리 (출처: 한화토탈)

에너지 차이만큼 전기 에너지로 변환할 수 있는 것처럼, 연료전지는 반응물reactant인 H₂ + O₂와 생성물product인 H₂O 간의 화학적 에너지 차이만큼 전기 에너지로 변환시킬 수 있다. 눈에 보이지 않지만 모든 물질은 각자의 화학적 에너지를 갖고 있고, 이렇듯 반응물과 생성물 사이의 화학적 에너지 차이를 이용해 전기 에너지를 만드는 것이다.

연료전지의 성능을 결정하는 가장 중요한 두 가지를 꼽으라면, 우선 전해질membrane 또는 electrolyte이 얼마나 이온을 잘 흘릴 수 있는가 하는 것과, 전극의 촉매catalyst가 얼마나 전기화학적인 반응을 잘 일어나게 하는가 하는 것이다. 즉 전해질의 이온 전도성과 촉매의 활성이다. 이를테면 전해질에서 이온을 최대한 잘 흐르게 하기 위한 재료를 개발하고, 이온 전도를 위한 최적의 온도와 습도를 유지하며, 활발한 전기화학 반응을 일으키기 위해 비싸지만 활성이 높은 백금을 아주 작은 입자로 전극에 골고루 적용한다. 이러한 모든 것들이 모두 더 나은 성능을 확보하기 위한 노력이다. 연료전지의 원리에 대한 좀 더 자세한 설명은 이 책의 부록에 수록하였다.

자동차용 따로 있고 건물용 따로 있다

연료전지에도 여러 종류가 있다. 다양한 구분법으로 나눌 수 있겠지만, 크게 동작 온도에 따라 구분할 수 있다. 차량용으로 쓰이고 있는 고분자 전해질 연료전지Proton Exchange Membrane Fuel Cell, PEMFC의 경우에는 작동 온도가 섭씨 80도 정도이다. 반면 용융탄산염 연료전지Molten Carbonate Fuel Cell, MCFC나 고체산화물 연료전지Solid Oxide Fuel Cell, SOFC는 고온 연료전지로 보통 섭씨 650도 또는 더 이상의 온도에서 운용된다. 연료전지의 작동 온도를 결정하는 것은 전해질 자체가 이온을 투과시키기 위해서 필요로 하는 작동 온도에 의해서 결정된다.

PEMFC용으로 널리 쓰이는 불소계 고분자 전해질의 경우, 이온H+을 잘 투과시키려면 액체 상태의 수분을 충분히 머금고 있어야 한다. 그러나 온도가 섭씨 100도 이상이 되면 물이 모두 증발해서 이온을 투과시키지 못하게 된다. 반대로 온도를 너무 낮춘다면 이온의 움직임이 둔화된다. 따라서 섭씨 100도를 넘기지 않으면서도 높은 온도대략 80도를 유지하며 안전하게 동작하도록 제어해야 한다. 반면 SOFC의 경우에는 이온을 투과시키는 세라믹 계열의 금속 산화물 재료를 사용하게 되는데, 섭씨 수 백도 이상이 되지 않으면 이온이 이 세라믹 막을 통과할 수 없어 작동 온도가 높아질 수밖에 없다.

이러한 연료전지들은 당연히 각각의 장단점을 갖고 있다. PEMFC

와 같은 저온 연료전지는 빠른 시동이 가능하고 잦은 on/off에도 문제가 없지만, 낮은 온도에서도 적절한 효율을 보장하기 위해서는 백금platinum과 같은 비싼 촉매제를 써야 하고, 전해질의 수분과 작동 온도를 잘 제어해야 한다.

이와 달리 SOFC 등의 고온 연료전지는 높은 작동 온도 덕분에 비교적 저렴하면서 흔한 재료로 만든 촉매제를 써도 전기화학적인 반응이 잘 일어나고 효율도 상당히 높다. 게다가 높은 작동 온도를 이용하여 수소뿐만 아니라 천연가스와 같은 다른 탄화수소를 연료로 이용할 수 있어, 소위 연료에 대한 융통성이 있다물론 탄화수소를 연료로 쓰게 되면 연료전지를 통해 전기를 만든다 하더라도 이산화탄소를 배출하게 된다. 하지만 한번 시동을 걸려면 온도를 높이기 위한 예열 시간이 길어져야 하고 시스템을 자주 on/off 하게 되면 세라믹의 열팽창 균열로 인해 내구성이 급격히 저하되는 단점이 있다.

따라서 빠른 시동과 잦은 on/off가 필요한 자동차의 경우에는 PEMFC가 훨씬 유리하나 한번 켜면 지속적으로 동작하되 높은 효율이 필요한 발전용이나 건물용의 고정형 연료전지로서는 SOFC가 적합하다. 현재 수소 공급 인프라는 미미하지만 천연가스 공급 인프라는 곳곳에 구축되어 있어 당분간은 천연가스를 원료로 SOFC를 가동할 수 있다.

실제로 전 세계에서 추진하는 거의 모든 자동차용 연료전지는

PEMFC이고, 고정형 연료전지의 대표 주자인 실리콘밸리의 블룸에너지Bloom Energy는 SOFC를 이용한 시스템을 만들고 있다.

필요한 만큼 쌓아서 만든 스택

연료전지는 음극수소극/전해질/양극산소극 샌드위치 구조의 셀cell에서 수소와 산소를 이온으로 만들면서 전기를 생산한다. 전해질은 오직 이온만을 통과시키고 전자의 이동은 막는다. 전자는 오직 전극수소극과 산소극과 이들 전극에 연결된 외부 도선을 통해서만 흐를 수 있게 만들어서 생성된 전기를 연료전지 밖으로 잘 모을 수 있게 한다.

PEMFC의 경우, 이 각각의 전극은 다공성 탄소 구조체 위에 촉매가 골고루 얹어져 있는 형태로 만들어져 있다. 이 탄소 구조체는 수소와 산소 가스가 골고루 전면에 분포될 수 있도록 하면서 부산물로 생성된 물은 잘 빠져나오도록 하는 역할을 하고, 촉매는 수소와 산소를 이온화하는 반응을 촉진시킨다. PEMFC의 경우에는 주로 백금이 촉매로 쓰인다. 이러한 수소극/전해질막/산소극의 샌드위치 구조를 통틀어 막전극접합체Membrane-Electrode Assembly, MEA라고 부르기도 한다.

양쪽 전극으로 수소와 산소가 각각 공급된다면 하나의 셀은 대

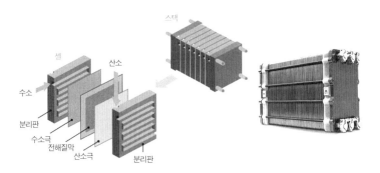

략 0.7볼트 정도의 전압을 낸다. 전기를 뽑아내지 않으면 약 1.2볼 트 정도이지만 더 큰 전류를 뽑아낼수록 전압이 낮아진다. 실제로 자동차나 트램 등에 쓰이기 위해서는 수백 볼트의 전압이 필요하 기 때문에 이 단위 셀들을 여러 개 연결할 필요가 있다. 예를 들어, 350볼트가 필요하다면 500 개의 셀을 직렬로 연결해야 한다$0.7V \times 500 = 350V$.

한편 어떤 자동차 구동에 필요한 전력이 100kW라고 하면, 350V 볼트의 전압을 사용했을 때 약 285A암페어 정도의 전류를 흘릴 수 있 어야 한다전력은 전압과 전류의 곱인 $350V \times 285A = 100,000W$로 계산된다.. 전류를 더 많이 흘릴 수 있게 하기 위해서는 셀을 그만큼 더 넓게 만들거나 병렬로 연결하면 된다. 자동차든 선박이든 각각의 용도에 따라 요 구되는 전류와 전압 사양에 맞게 적절한 넓이의 셀들을 직렬로 쌓아서 탑재하게 된다.

이렇게 셀을 여러 겹으로 쌓아서 하나의 모듈로 만든 것을 흔히 스택stack이라고 부른다. 말 그대로 쌓아서 만들었다는 뜻인데, 이는 연료전지의 가장 중요한 엔진에 해당한다. 스택에 들어가는 분리판은 수소와 공기가 섞이지 않게 막으면서도, 이들 기체를 셀에 골고루 공급해 주고, 전기화학 반응을 통해 생성된 전기를 잘 전도해서 외부로 잘 뽑아낼 수 있도록 하는 역할을 한다.

연료전지에 필요한 기타 여러 가지

그러면 연료전지를 이용해서 전기를 만들어내기 위한 구체적인 부품들은 무엇일까. 배터리처럼 하나의 패키지 안에 들어있는 것을 가져다가 양극과 음극으로 표시된 곳에 전선을 연결하면 전기가 나오는 것일까? 연료전지를 실제로 구동하기 위해서는 배터리보다는 조금 더 많은 것들이 필요하다.

우선적으로 필요한 것은 수소를 보관해 두는 장치수소 탱크다. 연료로 사용되는 수소를 필요한 만큼 조절해서 스택에 공급해 주는 연료 공급 시스템도 필요하다. 다음으로 필요한 것은 공기 공급 시스템이다. 양극 쪽에서는 주변의 공기약 21%가 산소를 직접 가져다 쓰기 때문에 산소 탱크가 필요하지는 않지만, 공기를 스택으로 들여보내기 전 필터를 통해 불순물을 걸러 주어야 해서 이를 위한 장치

연료 공급 시스템
연료전지 스택에
수소를 공급하는
장치

연료전지 스택
수소와 산소의 전기화학
반응을 일으켜 전기 에너지를
만드는 핵심 장치

공기 공급 시스템
공기 압력과 양을
조절해 연료전지 스택
안으로 공급하는 장치

열관리 시스템
냉각수의 온도를
제어하며 연료전지 스택
안으로 공급하는 장치

[2-3] 자동차용 PEM 연료전지 시스템 (출처: 현대자동차 그룹)

가 있어야 한다. 이를 공기 공급 시스템이라고 부른다. 스택 안으로
수소와 산소를 유입시키기 위해서는 정해진 압력과 유량으로 조절
해 주어야 하고, 적정한 셀 작동 온도 역시 일정하게 유지해 주어야
하기 때문에, 이러한 연료 및 공기 공급 및 열관리를 위한 시스템도
필요하다.

달 탐험에 쓰인 연료전지

"이것은 한 인간에게는 한 걸음이지만 인류에게는 위대한 도약이다
(There is one small step for a man, a giant leap for mankind.)."

- 닐 암스트롱(Neil Armstrong)

1969년 닐 암스트롱을 포함한 3명의 조종사가 아폴로 11호를 타고 인류 역사상 최초로 지구의 유일한 위성인 달 표면에 착륙했다. 전 세계가 텔레비전과 라디오 앞에서 숨죽이며 감동적인 역사의 순간을 함께 했다. 혹자의 말처럼 수천 년간 인류에게 신화와 동경의 대상이었던 달이 과학의 영역으로 들어오는 순간이기도 했다.

인류가 달에 첫걸음을 딛게 한 아폴로 11호에는 총 3대의 수소 연료전지가 탑재되었다.
(출처: 미항공우주국(NASA))

재미있는 사실은 아폴로 11호가 연료전지를 통해서 동력을 얻었다는 것이다. 최대 2.3kW의 전력을 생산할 수 있는 3대의 알칼리

연료전지(alkaline fuel cell)가 탑재됐다. 흔히 우주선이나 인공위성을 생각하면 거대한 태양광 패널을 장착하고 우주를 유영하는 장면이 떠오른다. 실제 우주 공간에서는 태양전지의 효율과 출력이 지표면보다 10배 이상으로 높고 추가적인 연료의 투입 없이 무한정으로 전력 공급이 가능해 대부분의 우주 프로젝트가 태양광 발전에 의존하고 있었다는 것을 생각하면 다소 의아하다고 여길 수도 있다. 그렇다면 왜 아폴로 11호는 태양광을 사용하지 않고 수소 연료전지를 채택한 것일까.

이것은 아폴로 프로젝트의 독특한 특성과 관련이 있다. 아폴로 11호는 3명의 우주인이 탑승하여 9일 동안 우주여행을 마치고 돌아와야 한다는 조건을 충족시켜야 했다.

우선 성공적인 임무 수행을 위해서 1.5kW의 '지속적인' 전력 공급이 요구되었다. 만약 태양전지를 사용하여 같은 전력을 공급하려면 연료전지보다 훨씬 무거운 시스템을 구성해야 한다. 착륙 지점이 태양의 반대편에 있을 때에도 전력을 공급하기 위해서는 대용량의 배터리가 추가적으로 필요하기 때문이다.

이에 비해 연료전지는 더욱 가벼운 솔루션을 제공할 수 있었다. 더불어 연료전지를 통해 전기를 생산하면서 생긴 물은 우주인들의 식수가 되었고 우주선 내부 습도 조절에도 이용될 수 있었다. 우주선의 추진을 위해 어차피 수소와 산소는 필요했기에 연료전지만을 위한 별도의 수소와 산소 탱크를 덧붙일 필요도 없었다.

  그 이듬해에 발사된 아폴로 13호 역시 연료전지를 이용해 전기를 만들어냈다. 미션을 수행하던 이틀째 되던 날 산소 탱크가 폭발을 일으키면서, 달 탐험 프로젝트는 순식간에 세 명의 우주인들의 무사귀환 프로젝트로 변모하게 된다. 산소가 없으면 우주인들이 숨을 쉴 수 없을 뿐만 아니라, 연료전지로부터 전력과 물을 공급받을 수도 없기 때문이다.

  얼마 남아 있지 않은 산소를 가지고 우주인들이 추위와 목마름을 견디며 지구에 무사 생환했던 드라마틱한 여정은 1995년의 영화 '아폴로 13'에서 생생하게 그려지고 있다.

수소전기차
VS.
전기차

비슷하기도 하고 다르기도 하고

전기차는 배터리에서 나오는 전기의 힘으로 모터를 구동시켜 움직이는 자동차를 말한다. 우리가 흔히 쓰는 재충전 가능한 배터리, 즉 이차전지를 여러 개 엮어서 엔진을 만든다. 테슬라가 제일 먼저 선보였던 모델S 같은 경우는 원통형의 배터리 6,400개를 차체 바닥에 깔아서 만들었다. 이 각각의 배터리는 우리가 일상생활에서 쓰는 AA 사이즈 배터리와 비슷하다고 생각하면 된다. 길이와 지름이 약 30% 정도씩 클 뿐이다. 자동차 회사마다 다른 모양과 다른 크기의 배터리를 이용하지만, 여하간 전기차는 그야말로 배터리에서 나오는 전기의 힘으로 움직이는 자동차다. 자동차를 운행한 후에는 집에 있는 전기나 외부 전기 충전소를 통해서 다시 충전한다.

그렇다면 수소전기차는 일반적인 전기차와 어떤 차이점이 있을까. 흔히 수소전기차라고 부르지만 정확한 명칭은 '수소연료전지차'다. 전기를 이용해서 모터를 구동시키는 자동차라는 측면에서는 전기차와 같지만, 전기를 외부에서 공급받는 것이 아니라, 차량에 탑재된 연료전지 장치를 통해 스스로 만들어낸다는 측면에서 전기차와 다르다. 수소를 외부에서 공급받아 차량에 싣고 다니면서 이를 공기 중에 있는 산소와 반응시켜 전기를 만드는 것이다. 그러므로 전기차는 배터리로 구동되는 차고, 수소전기차는 전기 에너지를 만들어내는 발전기를 싣고 다니면서 거기서 나오는 전기 에너지로 구동되는 차다.

일론 머스크, "연료전지는 쓰레기 덩어리"

요즘 많은 인플루언서들처럼 테슬라와 스페이스 엑스Space X 창업자인 일론 머스크도 SNS를 통해 수천만 명에 달하는 자신의 팔로워Follower들에게 생각을 전한다. 그는 수소전기차에 대해서 종종 부정적인 생각들을 드러내 왔는데, 2019년에는 연료전지에 대해 "정신이 멍할 정도로 멍청하다Mind-bogglingly stupid"라고 비판하면서 상당한 이슈를 몰고 왔다. 이전부터 연료전지를 '바보 전지fool cell'나

'쓰레기 덩어리load of rubbish'라고 부르기도 했다.

그가 연료전지를 그렇게까지 폄하하는 이유는 무엇일까. 수소전기차는 수소를 전기로 변환하고, 그 전기로 모터를 돌려 움직인다. 그런데 수소는 자연 상태에서는 순수한 분자 상태로 거의 존재하지 않아서 또 다른 에너지를 써서 수소를 따로 생산해야 한다. 수소를 만드는 방법은 여러 가지가 있지만수소 생산에 대해서는 3부에서 좀더 자세히 다룰 예정이다, 궁극적으로는 탄소를 배출하지 않는 '수전해'라는 방식을 통해서 얻게 된다. '수전해'란 전기 에너지를 이용해서 물H_2O을 수소H_2와 산소O_2로 분리해 내는 과정을 말한다. 즉 수소전기차를 움직이기 위해서는, 우선 전기를 이용해서 수소를 만들고, 그 수소를 차에 실어 차에 탑재된 연료전지를 통해 다시 전기를 만들어야 한다.

이러한 전기 → 수소 → 전기로의 변환 과정에서 추가적으로 외부 에너지가 투입되거나 손실도 발생한다[2~4]. 전기 에너지를 수소로 바꾸는 과정에서 20%~40%에 이르는 에너지 손실이 발생하고, 수소를 저장하는 과정에서도 수소를 압축시키기 위해 외부 에너지가 추가적으로 투입되어야 한다. 수소를 액화시켜 부피와 밀도를 더욱 높일 수도 있는데, 이를 위해서는 더 많은 에너지가 소요된다. 수소의 배송을 위해서도 마찬가지로 수송선이나 수송 트럭을 움직이는 에너지와 비용이 든다. 게다가 수소를 만들고 저장하고 배송하는 전 과정에서 아직은 기술적으로나 경제적으로 넘어야 할 산이 많이 남아 있을 뿐 아니라, 관련된 대규모의 수소 저장 및 배송 인프라도 전 과정에 걸쳐 거의 새로 구축해야 한다.

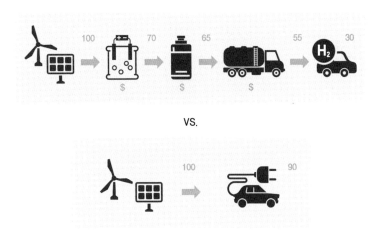

[2-4] 일론 머스크가 바라보는 수소전기차(위)와 전기차(아래)의 경제성

그러나 전기차는 이미 있는 전기를 이용해서 배터리를 충전해서 가면 된다. 배터리 충전과 방전 과정의 효율도 연료전지보다 훨씬 높다. 이미 큰 불편이 없을 정도로 인프라도 꽤 갖추어져 있다. 에너지 효율, 비용 효율, 시스템의 단순성 측면에서 머스크의 말은 상당히 일리가 있다. 하지만 보는 눈을 조금만 넓혀보면 이야기가 달라진다.

수소는 공짜 전력에서 나온다?

우선 그림 [2-4]에서 암시된 잘못된 전제에 대해서 짚고 넘어가야 한다. 이 그림에서는 두 시나리오 모두 신재생에너지에서 나오는 전기 에너지를 시작점으로 삼고 있는데, 같은 비용을 들여 생산된 같은 양의 전기 에너지가 자동차 구동에 사용될 때의 효율성을 비교하고 있다. 구체적으로 설명해 보자면 다음과 같다. 일단 풍력이나 태양열 등 친환경 발전 시스템을 통해 100의 신재생에너지를 만들었고, 이 과정에서 10달러의 비용이 들어갔다고 가정하자. 이 에너지를 가지고 수소를 생산하기 위해서는 30의 에너지를 사용해야 하며 이 과정에서 다시 10달러의 비용이 추가적으로 들어간다고 계산해 보자. 결국 일론 머스크는 30의 에너지와 10+10=20달러의 비용이 사라졌다고 판단한 것이다.

하지만 이러한 개념으로 수소의 가격이 책정되지는 않을 것이다. 풍력이나 태양광으로부터 전력을 생산할 때 당장 소비되지 않는 전력은 저장되지 않으면 어차피 버려진다. 즉 수소로 변환되지 않는 잉여 전력은 어차피 버려질 에너지였기에, 이 전력은 과장해서 말하자면 공짜 전력이다. 그러므로 실질적인 비용은 수전해 과정에서 들어간 10달러뿐이다. 같은 이유로 수소를 만들기 위해 30의 에너지를 소모한 것이 아니라, 70의 에너지를 새로 생성한 것이다.

따라서, 그림 [2-4]에서처럼 같은 조건에서 생산된 같은 전기 에너지로부터 출발해서 효율을 따지는 것은 합리적이지 않다. 물론, 어차피 버려질 전력을 이용하지 않고, 수소 생산 자체를 목적으로 한 풍력이나 태양광 전력으로부터도 많은 수소가 생산될 것이지만, 이 경우에도 수소자동차가 효용이 없다고 치부할 수는 없다. 효율과 비용 이외에도 다음에 논의할 여러 다른 요소들을 고민해야 한다.

승용차는 전기차, 트럭은 수소전기차

배터리는 외부에서 연료나 공기를 주입할 필요가 없기 때문에 컴팩트하게 하나의 패키지로 만들기에 용이하다. 반면에 연료전지 시스템을 구현하기 위해서는 연료전지 스택 이외에도 별도의 수소 탱크가 있어야 하고, 공기를 정화하는 장치와 수소와 공기를 스택에 주입시키는 펌프도 필요하다.

이런 이유로 연료전지를 스마트폰 같은 작은 기기에 적용해서 배터리보다 나은 가격 경쟁력과 에너지 밀도를 구현하는 것은 상당히 어렵다. 같은 이유로 세단 같은 비교적 작은 운송 수단에 대해서도 연료전지보다는 배터리가 유리하다. 일론 머스크의 말이 적어도 이러한 소형 자동차들에 대해서는 타당하다는 뜻이다. 하지만 차량의 크기가 커지면 커질수록 배터리가 상당히 불리해진다. 가장 큰 이유는 무게다.

승용차를 예로 들어 살펴보자. 세단 크기의 전기차에 탑재된 배터리 팩의 무게는 보통 400~500kg에 이른다. 전기차의 무게가 동급 내연기관 자동차에 비해서 20% 남짓 무겁긴 하지만 이 정도 추가된 무게는 큰 문제가 되지 않았다. 참고로 수소전기차의 경우에는 연료전지 스택, 완충된 수소 탱크, 소형 배터리 팩의 무게를 모두 더해도 200kg 정도밖에 되지 않는다.

하지만 대형 트럭의 규모가 되면 좀 심각해진다. 큰 트럭을 움직이려면 작은 차에 비해 당연히 많은 에너지가 든다. 사업용 트럭의 경우 1회 충전으로 먼 거리를 갈 수 있어야 하기 때문에 더더욱 큰 에너지 용량이 필요하다. 대형 트럭은 급속 충전을 한다고 해도 배터리 충전 시간이 적어도 1~2시간 이상 걸린다는 것을 감안하면, 한 번 충전으로 주행할 수 있는 항속 거리는 사업용 트럭에서 특히 중요하다. 시간이 곧 돈인 사업용 차량은 자주 충전할 수 없기 때문이다. 하지만, 이렇게 큰 에너지 용량의 배터리를 트럭에 얹는 것은 어렵다. 왜 그럴까?

가장 큰 이유는 배터리의 낮은 무게당 에너지 밀도이다. 리튬 이온 배터리는 같은 양의 에너지를 가지고 있는 디젤에 비해서 40배는 무겁다.

게다가 배터리는 태생적으로 에너지 저장부와 전기 생성부가 따로 분리되어 만들어져 있지 않다. 배터리는 외부에서 전기를 받아서 양극에서 음극으로 리튬 이온을 이동시킴으로써 충전하고, 음극에서 양극으로 리튬 이온을 다시 보내어 방전하면서 밖으로 전기 에너지를 낸다. 즉 배터리에 전기 에너지를 저장하기 위해서는 음극 물질 안에 리튬 이온을 채워 넣어야 하기 때문에, 더 많은 에너지를 저장하기 위해서는 그만큼 더 많은 음극이 필요하다. 더 늘어난 양만큼 에너지를 방전할 수 있으려면 양극도 같은 비율로 늘어나야 한다. 즉, 에너지 용량을 10배 키우려면, 배터리 무게도 고스란히 10배가 되어야 한다.

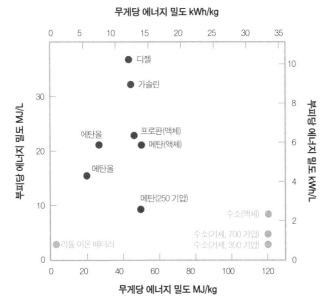

[2-5] 리튬 이온 배터리의 무게당 에너지 밀도는 수소의 100분의 1 정도에 불과하다. (출처: 미국 에너지부, 2019)

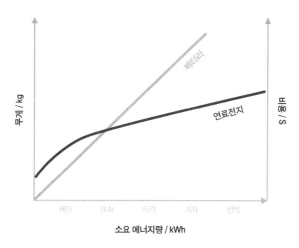

[2-6] 연료전지를 운송 수단의 파워트레인으로 쓰게 되면, 연료전지 스택뿐 아니라 수소 저장 장치, 공기 정화 모듈 등 필요한 부품이 많아 소형 자동차에는 비교적 불리하나, 수소의 높은 에너지 밀도 덕분에 대형 운송 수단으로 갈수록 무게와 비용 측면에서 유리해진다.

한편, 배터리와 다르게 연료전지 시스템은 태생적으로 전기를 생산해 내는 부분연료전지 스택과 에너지를 저장하는 부분수소 저장 탱크이 구분되어 있다. 따라서 수소 연료전지의 경우 에너지 용량을 10배 키우기 위해서는 수소 탱크 크기 또는 개수를 10배 키우면 된다. 이 때 연료전지 스택을 꼭 비례해서 늘릴 필요는 없다. 수소의 무게당 에너지 밀도는 리튬 이온 배터리의 약 100배 정도여서[2-5], 트럭과 같은 큰 차에 적용하기가 훨씬 용이해진다.

수소는 무게당 에너지 밀도가 배터리뿐만 아니라 어느 연료보다도 훨씬 높다. 배터리와의 공평한 에너지 밀도 비교를 위해서 수소 탱크의 무게도 고려해 보자. 수소 1kg당 수소차의 수소 탱크의 무게는 현재 약 20kg 정도라고 하는데, 수소 탱크 무게까지 포함해서 생각하더라도 리튬 이온 배터리 대비 '수소＋수소 탱크'의 에너지 밀도는 여전히 5배 가량 높다.

이런 이유로 리튬 이온 배터리 기반의 대형 화물 트럭의 경우 한 번 충전해서 갈 수 있는 항속 거리를 늘리는 게 상대적으로 까다롭다. 먼 거리를 가도록 배터리 용량을 많이 늘리게 되면, 차체의 무게도 그만큼 무거워져서 효율과 안전성이 급격히 떨어진다. 또 각 국가마다 초과하지 말아야 하는 차량의 허용 총중량이 정해져 있기 때문에 우리나라의 도로법에서는 40톤으로 정해져 있다, 배터리 용량을 마냥 늘릴 수도 없다. 반면 수소 트럭은 현재 기술로도 1회 충전으로 600km 정도는 거뜬히 갈 수 있다.

2020년 미국 에너지부와 맥킨지가 40톤급 대형 화물 트레일러의 파워트레인 구동계의 무게를 따져보았다. 이에 따르면, 배터리 기반의 트럭은 그 무게가 10톤에 이른다고 한다. 이 가운데 절반 이상을 배터리가 차지하고, 모터, 변압기, 감속기 등이 나머지를 차지한다. 한편 연료전지 기반의 트럭은 7톤이면 충분하다. 7톤 중에 연료전지 스택은 150kg에 불과하고, 보조 배터리가 600kg, 그 나머지가 고압 수소 탱크, 공기 및 수소 공급 시스템, 변압기 등이 차지한다.

배터리는 에너지의 양, 연료전지는 전력으로 비교한다

배터리나 연료전지 등의 사양을 이야기할 때 의외로 많은 이들이 전력power과 에너지energy의 의미를 부정확하게 혼용해서 쓰곤 한다. 제대로 이해해 보자.

전력이란 시간당 얼마만큼의 에너지를 만들어낼 수 있는가를 말한다. 배터리를 예로 들어보자. 테슬라의 고급 모델인 Tesla Model S 중에서 선택할 수 있는 가장 큰 배터리의 용량에너지의 양은 100kWh킬로와트시이다. 이 에너지는 100kW라는 전력을 1시간 동안 계속해서 쓸 때 그 1시간 동안 나온 에너지의 총량과 같다. 또는 10kW 전력을 10시간 동안 계속해서 쓴 에너지의 총량과도 같다. 충전된 배터리의 에너지의 양은 정해져 있어서 얌전하게 운행낮은 전력하면 오래 가고, 잦은 급가속을 해가며 거칠게 운행높은 전력하면 빨리 닳는다. 전력이 큰 차량은 순간 가속력이 크고, 에너지양이 큰 차량은 한 번 충전으로 먼 거리를 오랫동안 갈 수 있다.

수소전기차 스택의 사양을 들여다 보면, 전기차에 표시되는 에너지양배터리 용량 대신 전력power output을 표시한다는 것을 알 수 있다. 전기차의 엔진이 배터리라면 수소전기차의 엔진은 연료전지 스택인데, 이 스택은 연료의 에너지를 전기 에너지로 바꾸어주는 에너지 전환 장치에 불과해서 에너지양으로 나타낼 수 없다. 수소전기차의 에너지양은 연료전지 스택이 아닌 수소 탱크 크기에 비례해서다. 따라서 수소전기차 사양에 표시된 에너지양, 또는 1회 충전 거리는 스택의 크기나 성능이 아닌 수소 탑재량을 나타낸 것이다. 스택은 그저 주어진 연료의 화학 에너지를 얼마나 빠르게 전기 에너지로 바꾸어 줄 수 있는지를 결정할 뿐이다.

기차, 선박, 드론 그리고 에어택시

트럭, 버스 등의 대형차뿐만 아니라 이보다 규모가 더 크거나 무거운 기차, 선박, 잠수함, 비행기 등 다른 종류의 대형 운송 수단도 배터리보다 수소 연료전지가 더 유리하다. 규모가 커지면 커질수록 배터리보다는 수소 연료전지가 물리적으로는 더 유리한 조건을 가지게 된다. 대수로 따지면 승용차나 SUV 등 일반적인 자가 운송 수단의 수가 훨씬 많겠지만, 총 소요 에너지양으로 따진다면 트럭, 버스, 기차, 선박, 비행기에서 요구되는 에너지의 양이 오히려 더 크다. 앞으로 수송용 연료전지 시장도 꼭 주목해야 하는 이유가 여기에 있다.

최근에는 연료전지로 운행하는 대형 선박도 출현하고 있다. 2021년 7월 한국의 삼성중공업이 엔진 없이 연료전지로 운항하는 액화천연가스LNG 운반선을 세계 최초로 개발했다고 밝혔다. 삼성중공업은 미국 블룸에너지사Bloom Energy와 공동으로 선박용 고체산

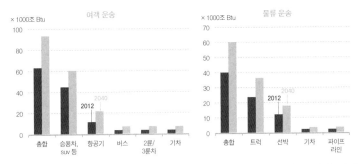

[2-7] 운송 수단 섹터별 2012년과 2040년(예측) 전 세계 에너지 소비량. 여객 운송 카테고리 내 승용차·SUV 및 2,3륜차를 제외한 모든 여객 운송 및 물류 운송 섹터가 배터리보다 연료전지가 더 적합한 대형 운송 수단에 속한다. (출처: 미국 에너지 관리청(U.S. EIA))

화물 연료전지SOFC로 추진하는 LNG 운반선을 개발하고 2021년 8월 미국 선급협회ABS로부터 신기술 사용적합성 인증을 획득했다고 한다. 선박에서 나오는 온실가스의 양은 연간 10억 톤으로 지구 전체 배출량의 3%에 이르는 어마어마한 양이기에 이들 파워트레인의 청정화는 시급한 사안이다.

대형 운송 수단뿐만 아니라 드론drone 역시 연료전지가 강점을 발휘할 수 있는 분야다. 드론은 정찰, 수색 등의 군사용으로 시작해서 이미 공공, 상업, 여가용 등 폭넓은 시장에서 활발하게 활용되고 있다. 보통 리튬 폴리머 배터리를 탑재하고 있는 멀티롭터 드론은 대부분 30분 내외의 짧은 비행시간이 가장 큰 한계점으로 여겨지고 있다[2-8]. 리튬 폴리머 배터리는 리튬 이온 배터리에 쓰이는 액체 전해질 대신 폭발 위험이 없는 폴리머 전해질을 쓰는 배터리로서 리튬 이온 배터리에 비해 가격은 비싸지만 에너지 밀도가 높다. 드론은 미래의 자동 물류용 운송 수단으로도 각광받고 있는데, 이를 배터리 기반으로 가능하게 하려면 비행시간을 획기적으로 늘여야 하는 난제를 해결해야 한다. 배터리 기반으로는 아직 요원한 목표이지만, 수소 연료전지 기반의 드론은 이미 5시간 이상의 항속이 시연되고 있다[2-9]. 이것 역시 수소가 가지고 있는 높은 에너지 밀도 덕분이다.

앞으로는 수직 이착륙기Vertical Take-Off and Landing, VTOL에 대한 수요도 폭발적으로 늘어날 것으로 예상된다. 현재 수백 개의 크고 작은 전 세계의 회사들이 헬리콥터처럼 사람이 타고 하늘로 이동할 수 있도록 VTOL을 적극적으로 개발하고 있다. VTOL은 2~3명의 사람을 태우고도 충분한 항속 거리를 확보해야 하기 때문에 드론에 비해서 훨씬 더 큰 에너지가 필요하다. 게다가 하늘을 날아다니는 운송 수단이므로 가벼운 연료가 큰 강점을 가진다. 당연하게도 배터리보다는 연료전지가 더 적합하다고 할 수 있다.

월마트 물류 창고

수소전기차가 대형 차량에 강점을 가지지만, 소형 차량이라고 하

주요 비행 장소	브랜드	모델명	최대 비행시간(분)
실외	패럿	아나피	25.8
	DJ	애빅에어	19.4
	자이로	엑스플로러V	18.7
	시마	XSPRO	10.0
	제로텍	도비	9.6
실내	시마	Z3	9.9
	패럿	맘보FPY	7.2
	HK	H7-XNB	7.0
	바이로봇	패드론V2	6.4
	바이로봇	XTS-145	6.3
	한빛드론	팡팡드론2	6.1
	드로젠	로빗100F	5.8
	JJRC	H64	5.0

* 정지비행 상태로 측정(무풍, 20℃)한 최대 비행시간이며, 비행 환경, 배터리 상태 등에 따라 달라질 수 있음.

[2-8] 리튬 배터리를 사용하는 드론의 비행시간 한계 (출처: 한국 소비자원, 2019년 8월)

Doosan DT30 (110 min w/ 3kg payload)

Doosan ZT15 (330 min w/ 4.5kg payload)

MMC SKYLLE 1550 (81 min w/ 15kg payload)

[2-9] 연료전지 기반으로 개발된 드론. (출처: 두산 모빌리티(위), MMC UAV(아래))

더라도 사업용 차량의 경우에는 배터리 전기차보다 더 적합한 경우가 있다. 바로 유통 물류 창고에서 쓰이는 지게차와 같은 경우가 그렇다. 물류 창고는 실내이기 때문에 배기가스를 내뿜는 디젤이나 LPG 가스차를 쓰기에는 적합하지 않다. 그렇다고 배터리 지게차를 쓰자니 힘이 달리고, 또 짧지 않은 충전 시간 중에는 이용할 수 없다는 단점이 있다. 하루 중 사용 시간이 일부에 불과한 승용차와 달리 사업용 지게차의 가용 시간은 경제성과 직결된다. 게다가 배터리는 날씨가 추워지거나 온도가 낮은 냉동 창고와 같은 환경에서는 사용하기가 어려워진다. 연료전지를 사용하면 이런 문제가 해소된다.

2021년 12월 기준 미국에만 5만 대가 넘는 연료전지 지게차가 월마트, 아마존, 페덱스, 제너럴 모터스 등 유명 회사의 물류 창고에서 운용 중이고, 최근 많은 제조 및 유통업체가 연료전지 지게차의 도입을 검토하고 있다. 아마존은 연료전지 기반의 물류 차량 등에 대해 긍정적인 판단을 내리고 2017년 연료전지 제조업체인 플러그 파워Plug Power의 지분 23%를 인수하기도 했다. 현대자동차 그룹 역시 수소지게차 개발을 끝내고 2020년부터 시범 운영을 진행하는 등 관련 사업에 본격 진출하고 있다.

한국은 수소전기차, 호주는 전기차?

대부분의 자동차는 원유를 가공해서 만든 가솔린과 경유를 연료로 쓴다. 원유는 자동차뿐만 아니라 건물, 공장의 에너지원과 산업 곳곳의 원료로 쓰여 왔기 때문에 산유국들은 그야말로 엄청난 부를 축적해 왔다.

앞으로 풍력과 태양광이 에너지원으로서 그 자리를 대체하게 되면 청정에너지 시대의 새로운 중동이 탄생하게 될 것으로 예상된다. 바로 풍력과 태양광이 풍부한 호주, 중동, 북아프리카, 서부 아메리카 등이 후보군이다[2-10], [2-11]. 물론 기존의 중동은 탄소중립 시대에도 여전히 에너지 자원 부국의 지위를 이어갈 것으로 보이지만 우리나라는 상황이 다르다. 시대가 바뀌어도 에너지 빈국으로 남을 것이 예상되며 이에 대한 돌파구를 모색해야 하는 상황이다.

우리나라와 같이 신재생에너지가 빈약한 나라들은 지금까지 원유를 수입해 왔던 것처럼, 에너지를 수입해 와야 한다. 물론 우리나라에서도 태양광과 풍력을 이용해 발전을 할 수 있겠지만, 같은 금액을 투자해서 태양광이나 풍력 설비를 만들어도 신재생에너지가 풍부한 다른 나라에서 생산된 에너지에 비해 훨씬 적은 양의 전기를 생산할 수밖에 없다. 다르게 말하면, 해외에서 수입한 에너지보다 국내에서 생산한 에너지가 훨씬 비싸다는 이야기이다. 당연히

[2-10] 세계 잠재 태양광 에너지 분포도. 아프리카, 중동, 호주와 함께 서부 아메리카에 집중되어 있다. 녹색으로 표시된 곳일수록 더 강한 태양광을 얻을 수 있다. 출처: Global Solar Atlas

[2-11] 세계 잠재 풍력 에너지 분포도. 호주, 북부 아프리카, 중동, 북유럽, 아메리카 일부 지역에 집중되어 있다. 녹색으로 표시된 곳일수록 더 강한 바람이 분다. 출처: Global Wind Atlas

경제성을 확보할 수 있는 일부 지역에서 또는 국가 차원의 에너지 안보를 위해서 일정 부분은 국내에서 생산하겠지만, 비용 효율 때문에 적어도 상당 부분의 에너지를 불가피하게 수입해야 할 것이라는 뜻이다.

그렇다면 에너지를 수입한다는 것은 무엇을 의미하는가. 바람과 햇빛을 수입해 올 수는 없다. 그렇다고 생산된 전기 자체를 가져올 수도 없다. 전기를 수천, 수만 킬로미터 멀리 떨어진 곳에서 받아오기 위해서는 엄청난 인프라가 필요한데 그것을 구축하는 것도 유지 보수 하는 것도 수지 타산이 맞지 않는다. 설령 인프라가 있다고 해도 그 먼 거리에서 전기를 끌어오면 이미 엄청난 전력 소실로 인해서 남아 있는 전기도 별로 없을 것이다.

따라서 이 전기 에너지를 저장해서 다른 곳으로 운반할 수 있는 에너지 매개체가 필요하다. 더구나 전기는 생산하는 순간 바로 소비되지 않으면 버려지기 때문에, 이 버려질 전기를 저장해 둘 수 있는 에너지 매개체는 반드시 필요하다. 그리고 이미 여러 차례 이야기한 것처럼 수소가 현재로서는 가장 유망한 에너지 매개체라고 할 수 있다.

그러므로 탄소중립 사회에서 에너지를 수입한다는 이야기는 곧 수소를 수입한다는 말이 된다. 신재생에너지가 풍부한 나라에서 생산된 전기를 이용해서 수소를 만들고 그 수소를 우리가 수입해서 쓰게 된다는 뜻이다.

에너지 비용 측면에서 보면, 신재생에너지가 풍부한 나라수소 수출에서는 많은 전기를 싸게 생산할 수 있다. 전기가 남는다면 잉여 전기를 이용해 수소를 만들어 수출을 하거나 저장했다가 적절히 사용하면 된다. 그러나 신재생에너지가 빈약해서 에너지를 수입해야 하는 나라 수소 수입국의 경우에는 에너지의 시작점이 수소라고 할 수 있다. 전기를 만들려면 수소로부터 만들어야 하기 때문이다. 같은 에너지양이라면 전기가 수소보다 더 비싸다.

그럼 전기차와 수소전기차에 대한 상대적인 수요를 지역에 따라 비교해 보자. 차량의 크기와 용도에 따라서도 선택이 이루어지겠지만 이들 조건이 같다고 가정하고 이야기를 이어가 보자. 우선 수소 수출국에서는 값싸고 풍부한 전기를 바로 이용하는 전기차가 역시 효율적일 수밖에 없고, 자연스러운 선택이 된다. 하지만, 수소 수입국의 경우는 수소전기차가 조금 유리해진다.

수소 수입국에서의 에너지 시작점은 수소인데, 수소전기차를 쓰게 되면 자동차 내부의 연료전지로 그 수소를 전기로 변환하여 구동한다. 반면에 전기차를 쓰려면 수소 연료전지 발전소를 통해 수소를 전기로 먼저 변환시킨 후 그 전기를 자동차 배터리에 충전하고, 그 에너지를 다시 방전하면서 구동한다. 즉 전기차 구동을 위해서는 외부 전기를 이용해 충전한 다음 차를 구동하는 과정이 추가되기에, 크진 않지만 10% 남짓 더 많은 손실을 보게 된다. 따라서 에너지 효율이나 비용 측면에서의 전기차의 비교 우위가 상쇄되고, 앞에서 논의한 차량의 크기, 용도에 따른 선택의 경향이 강하게 나타날 것으로 보인다. 이런 이유로, 전체적으로 수소 수출국에 비해 수소 수입국에서 더 많은 수의 수소전기차를 볼 수 있을 것으로 예상된다.

비교적 땅덩어리가 넓은 나라의 경우에는, 같은 나라 안에서도 지역별로 전기가 많이 생성되느냐 그렇지 않느냐에 따라 전기차와 수소전기차의 비율이 확연히 달라질 수 있다. 이렇듯 차량의 크기, 용도뿐 아니라 나라와 지역에 따라서도 전기차와 수소전기차 간의 선택이 이루어질 것이고, 이런 측면에서 전기차와 수소전기차는 앞으로 같은 시장에서 직접적으로 경쟁하는 관계라기보다는 많은 부분에서 상호 보완 관계가 될 것으로 보는 편이 합리적이지 않을까 싶다.

전기차와 수소전기차의 상대적인 비율은 상황에 따라 달라지겠지만, 연료전지가 가격 경쟁력을 확보한 이후에도 세단과 같은 소형 차량의 경우에는 전기차가 수소전기차보다 훨씬 큰 시장을 점유할 것으로 보인다. 에너지 효율 및 소비자 경험 측면에서 배터리가 수소보다 근원적인 강점이 있기 때문이다.

수소전기차의 충전

전기차와 수소전기차는 둘 다 전기를 이용해서 모터를 구동하는 자동차라는 점에서는 같지만, 전기차는 전기를 충전하고, 수소전기차는 수소를 충전한다는 점에서 다르다. 전기차의 충전을 위해서는 기존에 있는 그리고 아직도 빠른 속도로 확충되고 있는 전기 인프라를 쓰면 된다. 그 수가 계속 늘고 있는 급속 충전소를 이용하면 30분 남짓이면 충전이 가능해서, 커피숍에 들러 커피 한 잔을 하거나 마트에서 장을 보거나 하는 짧은 시간에도 충전기만 근처에 있다면 충전이 가능하다. 별도의 충전소를 이용하지 않고도 집에서 코드를 꽂아서 충전할 수도 있다. 완전 충전까지 8시간 정도 시간이 걸리지만, 퇴근 후 다음 날 출근 때까지의 시간은 충분하고도 남는다. 하지만 비교적 긴 충전 시간으로 인해, 장거리를 가야 하거나, 하루 종일 운행해야 하는 등 시간이 곧 돈이 되는 택시나 사업용 트럭 등의 경우에는 문제가 된다.

반면 수소전기차의 경우에는, 가솔린 차에 주유하듯이 수소 충전기에서 수소를 주입하면 되는데, 충전 시간은 3~5분이면 충분하다. 다만, 아직은 한 대의 차를 충전한 후에 다음 차를 충전하기 전까지 수소의 압력을 높이고 노즐의 온도를 높이는 과정에서 길게는 10분 정도가 소요되는 문제가 있고, 수소충전소의 수를 현재보다 훨씬 늘려야 하는 과제도 남아 있다.

'움직이지 않는'
연료전지 시장

수소 대신 가스를 쓰는 연료전지 – 왜?

자동차, 드론, 선박, 항공 등을 위한 연료전지 용도를 '수송용'이라
고 한다면, 그에 대비되는 시장인 가정용, 건물용, 발전용 등은 흔
히 '고정형'이라고 말한다. 대략 수송용 연료전지가 75%, 고정형이
25% 정도의 시장을 차지한다2020년 상반기 전 세계 시장 기준. 노트북이나
여타 휴대 장비를 위한 또 다른 시장을 '휴대형'으로 구분하고는 있
지만, 이 시장은 수송용과 고정형에 비하면 미미하다.

　현재 기준으로 본다면, 수송용 연료전지와 고정형 연료전지의 가
장 큰 차이점은 사용하는 연료가 다르다는 것이다. 수송용 연료전

지는 수소를 사용하고 고정용 연료전지는 대부분 도시가스나 LP 가스 등의 탄화수소 가스를 사용한다. 고정용으로 탄화수소 가스를 사용할 수밖에 없는 이유는, 현재 일반 가정이나 건물 등에 연결되어 있는 배관이 탄화수소용이라 수소를 연료로 사용하려면 새로운 배관이 필요한데 아직은 인프라가 구축되어 있지 않아서다. 따라서 수소를 위한 배관 인프라가 자리잡기 전까지는 기존에 구축되어 있는 배관을 통해서 탄화수소 가스를 받은 후, 이를 소위 '개질기'를 통해 수소로 바꾸어서 연료전지를 구동하게 될 것이다.

반면 수송용 연료전지의 경우 연료로 에탄올이나 천연가스 등 탄화수소를 쓰게 된다면 자동차 내에 개질기를 따로 두어야 하는데, 고정형과 달리 규모가 작은 수송용의 경우에는 적합하지 않다. 시스템 비용뿐만 아니라 차량 부피와 무게 측면에서 너무 불리해지기 때문이다. 게다가 탄화수소를 수소로 바꾸기 위해서는 섭씨 700도 이상의 고온이 필요하다. 온도를 이렇게 높이기 위해서는 시간이 필요한데 빠르고 잦은 시동이 요구되는 자동차나 트럭 등에 이를 적용하기에는 무리이다. 그러므로 수송용 연료전지의 경우에는 수소를 그 원료로 전제하고, 이를 가능하게 할 수 있는 수소 인프라 확충을 위해 노력하는 수밖에 없는 상황이다.

과도기적으로 수소가 아닌 탄화수소 가스를 연료로 써야 한다면, 고정형 연료전지를 지금부터 추진할 필요가 있는가에 대한 의문이 생긴다. 어차피 개질 과정에서 이산화탄소가 발생하기 때문에 기존 탄화수소 기반의 발전소에서 전기를 생산하는 것에 비해 무슨 탄소저감 효과가 있을까 하는 생각이 들기 때문이다.

여기에 대해서는 여러 반론이 가능하겠지만, 탄화수소를 이용해서라도 고정형 연료전지를 추진하는 가장 큰 이유는 연료전지의 높은 효율에서 찾을 수 있다. 즉 같은 양의 전기를 생산한다면, 탄화수소를 연소시켜서 전기를 얻는 기존 발전 방식보다 연료전지를 통해서 전기를 얻는 방식이 훨씬 적은 양의 이산화탄소를 발생시킨다. 게다가 연료전지를 구동할 때 나오는 폐열을 그냥 버리지 않고 난방 및 온수 등에 사용함으로써 전체적인 에너지 효율 또한 더욱 높일 수 있다. 이렇게 전기뿐만 아니라 열까지 모두 생성시키는 '열병합 발전'을 하게 되면 90%에 이르는 에너지 전환 효율도 달성

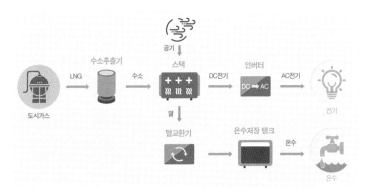

[2-12] 건물용 연료전지 시스템 개념 (출처: 에스 퓨얼셀, s-fuelcell.com)

할 수 있다.

기존의 화력 발전의 경우에는 발전소가 가정이나 건물 등 에너지 소비처와 멀리 떨어져 있어 폐열을 제대로 활용하지 못하는 경우가 많지만, 연료전지 시스템은 이들 소비처에 인접해 설치할 수 있기 때문에 폐열의 이용이 가능하다.

일본에선 모르면 간첩, 에너팜

현재 가정용 연료전지 시스템은 대부분 기존 배급망을 통해 받은 천연가스_{도시가스}나 LP가스_{액화석유가스}로부터 수소를 뽑아내고, 이 수소를 연료전지 스택에 주입해서 전기와 열을 생산해 내는 방식으로 구동된다. 전기뿐만 아니라 연료전지에서 나오는 버려지는 열_{폐열}을 난방과 온수에 이용해서 70~90%에 이르는 아주 높은 전체 효율을 달성할 수 있어 전기요금이 현격히 줄어들게 된다.

가정용 연료전지 시장은 일본에서 가장 활성화되어 있다. 도시바, 파나소닉, ENEOS셀렉 등의 기업이 협력하여 에너지를 생산하는 농장이라는 의미의 '에너팜_{ENE-FARM}'이라는 공동브랜드를 만들었는데, 전기와 난방을 동시에 공급하는 약 1kW급의 소형 분산 열병합 발전 연료전지 시스템이다. 2009년에 처음 출시되었을 때, 에너팜 1대의 가격은 330만 엔이었지만 2017년에는 절반 이하로 내려가 100만 엔이면 설치가 가능해졌다. 여기에 더해 정부에서 20만

엔을 보조해 주기도 한다. 일본의 일반인들에게 물어보면 연료전지는 몰라도 '에너팜'은 안다고 할 정도로 정부의 보조금 지원에 힘입어 널리 보급되고 있다. 2019년 12월 기준 이미 33만 대가 보급되었고, 2030년까지 530만 대를 보급한다는 계획이다. 이 계획대로라면 일본 가정의 10%가 '에너팜'을 사용하게 될 것이다.

　이처럼 일본이 가정용 연료전지의 보급에 적극적인 또 다른 이유는 후쿠시마 원전 사고와 고베 대지진을 경험한 이후에 안정적 전력 공급이 가능한 분산형 발전 시스템의 필요성을 느꼈기 때문이다. 천재지변으로 정전이 발생해도, '에너팜'이 있으면 전기 사용을 지속할 수 있고 난방 및 온수 사용 등에도 지장을 받지 않게 된다.

　일본에 비해 우리나라의 가정용 연료전지 보급은 아직 많이 미흡

[2-13] '에너팜'이 설치된 일본 주택의 외부 전경 (출처: Earthbound Report)

하다. 일본에서 가정용 연료전지가 널리 보급된 데에는, 온수를 많이 사용하는 그들의 문화와도 연관이 있겠지만 가스 요금과도 관련이 있다. 우리나라는 가스 요금이 상대적으로 비싸서 전기에 비해 에너지 비용 절감 효과가 덜하다. 여기에 초기 사업자들의 애프터서비스 미흡이 더해져 소비자들의 만족을 이끌어 내지 못한 과오도 있었다.

유명 글로벌기업들이 채용한 연료전지 시스템

연료전지 시스템을 전력원으로 사용하고 있는 분야 중에는 데이터센터Data Center도 있다. 대규모 데이터센터를 운영하는 기업에서는 천재지변이나 비상사태로 인한 정전 상황에서도 안정적으로 대규모의 전력을 공급할 수 있는 독립적인 전력 공급원 확보가 필요하다. 가장 일반적으로 사용되는 분산 발전 방식인 태양광은 전력 생산이 간헐적일 수밖에 없어서 전력을 안정적으로 공급하기에는 적합하지 않다.

일반적인 전력 공급 체계와 분리되어 독자적인 분산 발전이 가능하고 대용량의 전력 공급이 가능한 연료전지 시스템은 이러한 요구 조건을 만족시킬 수 있는 매력적인 대안이다. 연료전지 자체의 높은 효율뿐만 아니라 녹색기술 사용에 대한 정부의 보조금 지급과 세금 감면 혜택을 통해 비용을 절감할 수 있다는 점도 연료전지 시스템을 선택하는 중요한 이유가 되고 있다.

일반적으로 데이터센터에서 사용하는 전력은 서버와 스토리지 같은 IT 장비에 50%, 정전 시에도 안정된 전원을 유지하기 위한 무정전 전원 공급 장치UPS에 10%, 냉각 등에 나머지가 쓰인다. 연료전지를 데이터센터의 주전력으로 사용하게 되면, 전기료를 크게 절감할 수 있는 데다 안정적으로 전원을 공급할 수 있어서 부가적인 무정전 전원 공급 장치에 들이는 비용도 줄일 수 있다. 또한 충전이 필요한 배터리 기반의 시스템과는 달리 연료를 공급하는 한 지속적으로 사용할 수 있다.

미국의 대표적인 연료전지 시스템 제조업체인 블룸에너지Bloom Energy는 2008년에 구글에 100kW급 연료전지 시스템을 공급한 것을 포함하여, 이베이, 코카콜라 등 20여 곳의 유명 대기업들의 데이터센터에 연료전지 시스템을 공급하기 시작했다. 이베이는 2013년에 6MW급의 연료전지 시스템을 데이터센터의 주전원으로 대체하고 기존의 일반 전력망을 백업전력으로 용도 변경했다. 현재는 애플, 이케아, AT&T, 모건스탠리, AEF 등 60여 곳 이상의 대기업들에 연료전지 시스템을 공급하고 있으며, 2021년에는 글로벌 시장 점유율 1위의 데이터센터 전문 운영 기업인 이퀴닉스Equinix가 실리콘 밸리에 건설하는 데이터센터에 20MW급 연료전지 시스템을 공급한다고 발표했다. 최근 발전소 전력 공급 가격이 상승하면서 높

[2-14] 블룸에너지의 에너지 서버 (출처: 매일경제)

은 에너지 효율로 대용량 전력 공급이 가능한 연료전지 시스템을
주전력 공급원으로 대체하려는 산업 시설들의 수요가 더욱 늘어나
고 있는 추세다.

연료전지 발전소

앞서 논의한 대로 아직까지는 가정, 건물, 데이터센터를 위한 연료
전지는 LNG등 기존 수송 및 배급 인프라가 이루어진 연료를 이용
한 케이스가 대부분이다. 따라서 수소가 각 가정과 건물에까지 직
접 이송되는 인프라가 구축되기 전까지는, 연료전지를 이용한다
하더라도 탄소제로가 아닌 탄소 저감만이 가능할 뿐이다. 물론 질
소산화물과 황산화물 등 유해 가스의 배출도 거의 없다는 환경 측

면의 추가적인 장점은 여전히 유효하다. 이것은 대규모 연료전지 발전소의 경우에도 마찬가지다. 기존의 화석연료를 사용하더라도 이러한 장점은 사라지지 않는다.

2022년 예측치를 기준으로 전 세계 1.5GW의 연료전지 발전량의 2/3를 담당할 정도로 연료전지를 통한 대규모 발전은 우리나라가 가장 적극적이다. 당연하게도 청정수소 인프라가 미비한 지금까지는 천연가스를 연료로 삼는 경우가 대부분이다. 즉 천연가스로부터 개질된 수소를 연료전지에 넣어서 전기를 만들고 폐열을 추가적으로 이용한다. 2024년까지 경기도 화성에서는 단일 부지로는 세계 최대 규모의 80MW급의 연료전지 발전소를 짓는다고 하는데, 이곳도 액화천연가스를 연료로 쓸 예정이다. 우리나라의 경우 한 가구당 약 0.5kW 정도의 전력이 소요된다고 보면, 약 16만 가구에 공급할 수 있는 규모이다.

천연가스가 원료가 아닌 발전소도 짓고 있는데, 석유화학 공장이나 제철소에서 부산물로 나오는 부생 수소를 이용한 경우이다. 충남 서산시에서는 인근 석유화학 공장에서 나온 수소를 이용한 50MW급의 연료전지 발전소를 지어 2020년 7월부터 가동에 들어갔고, 포스코는 철강 제조 공정에서 나오는 수소를 이용한 40MW급의 발전소를 전남 광양시에 만든다고 한다.

[2-15] 부생 수소를 활용한 세계 최초, 최대 연료전지발전소인 대산 수소연료진지발전소. (출처: 두산)

아직은 부생 수소와 개질 수소 등 탄소를 배출하면서 만들어진 수소 니세이수소를 이용한 발전이 주를 이루고 있지만, 재생에너지가 주 에너지원이 된 이후에는 물을 전기분해해서 얻어진 수소 그린수소를 이용한 연료전지 발전소가 기저전력의 상당 부분을 담당할 것으로 기대된다.

지금까지는 화석연료와 원자력을 통해 안정적으로 전력을 공급할 수 있지만, 태양광과 풍력이 주요 에너지원이 되고 탈원전이 가속화되는 미래에는 안정적인 기저전력을 제공할 방법이 마땅치 않다. 몹시 가변적이고 간헐적인 신재생에너지는 전력 계통을 너무나 불안하게 만들 것이다. 전력이 너무 모자라도 문제가 되지만, 전력이 남아도는 때에도 전력 계통을 불안하게 해서 대규모 정전 사태에까지 이르게 할 위험성이 크다. 따라서 전체 전력량 중 상당 부분을 꾸준하고 안정적으로 생산해 낼 방법이 필요한 것이다. 그린 수소 기반의 연료전지 발전이 이를 담당하기에 가장 유망하다. 깨끗하고 안정적으로 전력을 생산해 낼 수 있기 때문이다.

또한 대규모 50MW급 이상의 대형 발전소보다는 작지만 수천에서 수만 가구에 전기와 열에너지를 제공할 수 있는 10MW 미만 정도의 분산형 연료전지 발전소도 효용성이 크다. 우선 각각의 연료전지 시스템이 에너지 소비가 이루어지는 인근에서 바로 전기를 제공해서 송전 부담이 없다. 높은 발전 효율을 가지고 있어 탄소 배출량을 크게 감소시킬 수 있고, 전기와 함께 열을 생산하는 연료전지의 특성은 발전용으로 쓸 때에도 주변 수요처에 에너지 효율성을 높일 수 있다. 게다가 면적당 전력 생산 밀도도 높다. 예를 들어, 10MW의 전력을 생산하기 위해서 태양광은 약 10,000m², 풍력은 20,000m²의 면적이 필요하지만 연료전지는 250m²정도의 면적으로도 충분하다. 수증기를 외부로 배출해 내는 팬 등을 제외하고는 움직이는 부품도 별로 없어 소음도 적다. 이런 장점들로 인해 조용하고 효율적으로 깨끗한 에너지를 제공할 수 있는 도심용 분산형 전원으로도 적합하다.

에너지만 보면 안 된다, 팔방미인 수소

지구 전체 인구의 반을 먹여 살리는 수소

수소가 미래의 자원으로 많이 회자되고 있지만, 미래가 아닌 현재에도 수소는 매우 중요한 역할을 담당하고 있다. 전 세계적으로 1억 2천만 톤 가량의 수소가 이미 소비되고 있다. 현재 소비되는 수소는 에너지가 아니라 거의 대부분 제철, 정유, 화학 공정의 첨가물 또는 합성 화학 제품의 원료로 쓰이는 것이다. 에너지 매개체로서의 수소 수요가 향후에는 급속히 늘어나겠지만, 골드만삭스에 따르면 2050년이 되어도 이러한 산업용 수소가 전체 수소 수요의 18%를 차지할 것이라고 내다본다.

현재 생산되는 수소의 상당량은 합성 비료의 원료인 암모니아(NH_3)의 제조에 사용된다. 합성 암모니아는 소위 하버-보슈법(Haber-Bosch Process)이라는 100년 이상의 역사를 가진 공정을 통해 만들어진다. 이 방법으로 암모니아를 제조하기 위해서는 질소(N_2)와 함께 수소(H_2)를 원료로 공급해 주어야 하는데, 질소는 공기 중에서 바로 얻을 수 있지만 수소는 따로 만들어야 한다. 지금까지는 대부분 천연가스의 개질을 통해서 수소를 얻고 있다. 그런데 그 과정에서 상당한 이산화탄소가 부산물로 만들어진다. 암모니아 생산을 위해서 대규모의 탄소 배출을 계속 해오고 있는 것이다.

영국왕립학회(The Royal Society)에서 2020년 발간한 자료에 따르면, 전 세계에서 소비되는 전체 에너지의 1.8%가 하버-보슈법을 이용해 암모니아를 생산하는 데 들어가고, 세계적으로 연간 생산되는 1억 7,500만 톤의 합성 암모니아의 90% 이상이 비료에 사용된다. 암모니아를 이렇게 대량 생산할 수 없었다면, 19세기 말부터 직면했던 극심한 식량 부족을 해결하지 못했을 것이고, 현재 이렇게 많은 인류가 생존해 있을 수도 없었을 것이라고 한다.

현재 하버-보슈법의 주원료인 수소를 생산하면서 발생하는 이산화탄소의 양도 전 세계 배출량의 1.8% 이르는 막대한 양이다. 그러므로 이 암모니아 제조의 원료로 쓰이고 있는 수소를 이산화탄소를 배출하지 않는 깨끗한 방식으로 생산해 내는 것만으로도 엄청난 양의 탄소 저감을 이룰 수 있다.

하버-보슈법

'하버-보슈법'은 질소와 수소로부터 암모니아를 대량으로 생산하는 공업적 방법을 뜻한다. 20세기 초반에 독일의 화학자 프리츠 하버와 카를 보슈가 함께 연구하여 이러한 공법을 완성시켰으므로 이들의 이름을 따서 '하버-보슈법'이라고 부른다.

19세기에 접어들면서 인구는 급격히 늘기 시작했다. 그러나 농업 생산성은 인구의 증가 속도를 따라가지 못했기에 세계적으로 식량 부족에 대한 고민이 깊어졌다. 농업 생산성을 향상하기 위해서는 토지를 비옥하게 만드는 것이 중요했다. 그런데 19세기 독일의 화학자 리비히Justus von Liebig가 식물의 성장에 꼭 필요한 필수 영양소가 질소라는 점을 발견하면서부터 토지를 비옥하게 만드는 기술이 발전하기 시작했다.

처음에는 질산염을 사용했다. 질산염 대부분은 동물의 배설물에서 만들어진 거름으로부터 얻었지만 생산성을 크게 높이는 데는 한계가 있었다. 이런 상황에서 등장한 것이 '칠레 초석$NaNO_3$'이었다. '칠레 초석'은 원래 칠레 해안가에 수천 년 동안 쌓인 자연 퇴적물인데, 비료를 생산하는데 있어 중요한 질소 공급원이 되었다.

'칠레 초석'이 거의 유일한 질소 공급원이 되자 '칠레 초석'의 공급이 끊길 경우를 대비해야 한다는 목소리가 높아지기 시작했다. 이어 질소 공급원을 확보하는 것이 중요한 이슈로 떠올랐다.

 바로 이러한 시기에 독일의 화학자 프리츠 하버Fritz Haber는 대기 중의 질소N_2를 수소H_2와 반응시켜 암모니아NH_3를 생산할 수 있는 방법을 알아냈고, 후에 칼 보슈Carl Bosch가 이를 대량 생산할 수 있는 공정을 개발함으로써 값싼 합성 비료의 대량 생산이 가능해졌다. '하버-보슈법'이라고 불리는 이 공정은 흔히 세기의 발명이라고 칭해질 정도로 인류의 생존과 번영에 지대한 영향을 끼쳤다. 이러한 공로를 인정받아 하버는 1918년에 노벨화학상을, 보슈는 1931년에 노벨화학상을 받게 된다.

 암모니아NH_3는 하나의 질소 원자N에 세 개의 수소 원자H가 붙어서 만들어진다. 따라서 암모니아를 만들기 위해서는 공기 중의 질소 분자N_2를 두 개의 질소 원자로 먼저 분리해야 하지만, 원자 간의 결합이 너무 강한 탓에 암모니아 합성은 오랜 시간 동안 난제였다.

 하버-보슈법은 섭씨 약 400~500도와 100기압 이상의 고압에서 질소와 수소를 촉매가 있는 반응기에 넣어 암모니아를 합성하는 방법이다. 한 번 반응 시 원료의 15% 정도만이 암모니아로 변환되는데, 이 과정을 여러 번 거치게 해서 고순도의 암모니아를 생산하게 된다.

정유공장, 화학공장에서도……

수소는 현재 정유 및 화학 공정용으로도 다양하게 이용되고 있다. 이러한 수요는 앞으로도 지속될 것으로 보인다. 원유에 포함된 황 성분을 제거하기 위해 수소와 혼합해서 고온, 고압 하에서 반응시키는데, 이는 정유 공장에서 가장 많이 쓰이는 방법이다. 탈황뿐 아니라 휘발유의 주성분인 고옥탄가의 접촉개질유를 생산하는 데에도 수소가 쓰인다.

수소는 석유화학 공정의 첨가제로도 쓰이고, 도료나 의약품으로 주로 사용되는 메탄올 제조나 화장품, 세제, 향료, 비타민 등의 원료로도 일부 사용되고 있다. 반도체나 태양전지의 제작 공정에도 고순도의 수소가 요구된다. 이외에도 광섬유와 석영유리 등의 유리 제조 분야에서도 사용되고, 극저온 냉각, 초전도 연구, 초고온·초저온 연구 등에 활용되기도 하는 등 다양한 분야에서 사용되고 있다.

20세기 초에는 값싼 채소 기름을 수소화하여 식품 산업에 사용되는 지방을 제조하는 과정에서도 사용했다. 이렇게 만들어진 것이 트랜스 지방이다. 트랜스 지방은 상온에서 고체로 존재해 액체 기름보다 더 오래 보관할 수 있었다. 하지만 1950년대에 트랜스 지방이 암 발생과 심장 질환의 위험성을 높인다는 연구 결과들이 발표되면서 수소화된 지방의 사용이 엄격히 규제되었고, 사용 또한 줄어들었다.

온실가스 발생 제로에 도전하는 제철 산업

현재까지는 철광석과 석탄을 '고로'라고 불리는 섭씨 1500도 이상의 큰 용광로에 넣어서 철을 만들어 왔다. 고온에서 석탄C과 공기 중의 산소O_2가 반응해서 만들어진 일산화탄소CO가 철광석Fe_2O_3을 환원시켜 철Fe을 만든다. 어떠한 화합물로부터 산소를 떼어가는 화학 반응을 '환원'이라고 부른다. 반대로 산소를 붙이는 화학 반응을 '산화'라고 한다. 일산화탄소CO보다는 이산화탄소CO가 더 안정적인 화합물이기 때문에 일산화탄소가 자발적으로 이산화탄소로 변하면서 철광석에 있는 산소를 떼어가는 것이다. 따라서 이러한 전통적인 방식은 제철 과정에서 다량의 이산화탄소를 만들어낸다.

이런 방식으로 오랜 기간 철을 만들다 보니 제철업계는 온실가스 배출의 주범으로 꼽혀 왔다. 전 세계 이산화탄소 배출량의 무려 8%에 이르는 어마어마한 양이 철강 산업에서 나온다고 한다. 국내에서도 철을 만드는 포스코가 온실가스를 압도적으로 많이 배출하는 기업이다. 이산화탄소 규제 문제에 봉착한 포스코는 글로벌 철강업계와 더불어 이산화탄소 배출이 전혀 없는 '수소환원제철'을 추진하고 있다. 수소환원제철이란 철강석의 환원제로서 석탄 대신 수소를 이용하는 제철 방식을 말한다[2-16]. 일산화탄소가 산소와 결합해서 자발적으로 이산화탄소로 바뀌는 것처럼, 수소도 산소와 결합해서 자발적으로 물로 바뀌고자 하는 성질이 있는데, 이를 이용하는 것이다. 수소를 환원제로 이용하면 이산화탄소 배출이 제로가 된다. 포스코의 경우에는 환원제에서 수소가 차지하는 비중을 서서히 늘려 2050년까지 100%를 달성하고, 이를 위해서 이산화탄소를 배출하지 않는 방식을 통한 수소의 자체 생산도 단계적으로 늘려가겠다는 계획을 2021년에 발표했다.

미래의 철광석 환원에 소비될 수소의 양에 비해서는 훨씬 적겠지만, 제철 공정에는 이미 다른 용도로 수소가 이용되고 있다. 예를 들면, 철강 제품의 금속적 광택을 유지하도록 하기 위해서 표면에 붙어있는 산소를 떼어내는 '광휘 어닐링bright annealing 공정'을 거치게 되는데, 여기에 수소를 환원제로 써오고 있다.

[2-16] 수소 환원을 통한 제철법(좌)과 기존의 일산화탄소 환원을 통한 방법(우) (출처: 포스코 뉴스룸)

전기를 이용해 가솔린을 만든다고?

앞으로 값싼 수소가 풍부하게 생산된 이후 상당한 기간 동안에도 기존에 쓰던 탄화수소에 의존해야만 하는 부문은 여전히 남아 있을 것이다. 한 예로, 비행기는 고도 변화에 따라 기온과 압력의 변화가 심한 환경에서도 사용할 수 있는 휘발성이 낮은 특수한 종류의 연료인 항공유를 사용하고 있다. 그런데 비행기에 의한 탄소 배출량은 지구상에서 배출되는 탄소 배출량 중 2%나 차지하고 이는 점차 증가 추세에 있다. 비행기의 탄소 배출량만 줄여도 탄소 배출 제로에 큰 도움이 될 수 있을 것이라고 전문가들은 말한다.

현재 에어버스 등은 수소만으로 움직이는 비행기 엔진을 개발 중이지만 성공적으로 양산하기까지는 오랜 시간이 걸릴 것으로 예상된다. 하지만 수소를 따로 포집해 둔 이산화탄소와 결합해 항공유를 합성할 수 있다면 수소 기반의 항공기가 대량 생산되기까지의 과도기 동안 지금처럼 그대로 비행기를 운행하면서도 탄소제로를 실현할 수 있게 된다.

2020년에는 독일의 자동차업체인 포르쉐Porsche가 자사 스포츠카에 사용하기 위한 합성 연료를 개발하겠다고 발표했다. 칠레에서 풍력으로 얻은 전기를 에너지원으로 수전해를 통해 수소를 얻고, 이를 이산화탄소와 혼합시켜서 합성 메탄올을 만든 다음, 다시 풍력 전기를 이용해 가솔린을 합성하는 방식이다. 기존에 석유를 정제시킨 가솔린이 아니라 재생에너지에서 나오는 전기를 통해 얻는 연료라는 의미로 'E-Fuel'Electricity-based Fuel'이라고 부르고 있다. 고성능 자동차에서 느낄 수 있는 특유의 굉음과 감성을 그대로 살리면서도 친환경에 부합하려고 하는 움직임이라고 볼 수 있다.

수소와 이산화탄소를 연료로 전기에너지를 투입해서 합성해 내는 이러한 'E-Fuel'은 탄소제로를 실현하면서도 기존의 내연기관 인프라를 그대로 활용할 수 있고, 수소 연료에 비해 보관과 수송이 용이하다. 하지만, 아직까지는 제조 과정에서 고온 고압을 요구하는 등 에너지 변환 효율과 경제성이 낮은 것이 큰 걸림돌이다.

현재 유럽, 북아프리카, 중동 등에서도 대규모의 그린 합성 연료 생산 시설을 운영하고 있다. 북해와 발틱해에서는 해상 풍력을, 북아프리카와 중동에서는 태양광을 이용하여 전기를 생산하고, 이 전기로 먼저 수소를 생산한다. 이렇게 생산된 수소를 산업 공정이나 발전소 등에서 포집되었거나 대기 중에서 뽑아낸 이산화탄소와 반응시켜 가솔린, 디젤 등의 액체 연료나 메탄과 같은 기체 연료를 합성해 낸다. 국제에너지기구IEA에서는 2050년 시점이면 수소 생산량의 약 30% 정도가 이러한 합성 연료 제조에 들어갈 것으로 예측하고 있다. 현재는 존재하지 않는 시장이 새로 만들어지고 있는 것이다.

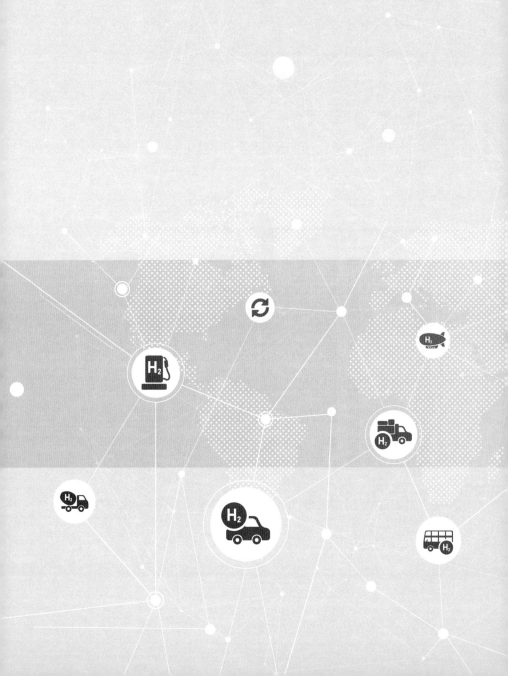

3부

수소,
어떻게 만들고
어떻게 유통하나

1장

수소를 우주에서
끌어다 쓸 수는 없고

수소의 색깔

수소는 우주 질량의 약 75%, 원자의 개수로는 90%를 차지하지만,
지구상에서 수소 기체[]는 지구의 대기권에 극소량만이 존재한다.
수소 혼자 있기에는 화학적으로 불안해서 거의 대부분 다른 원소
와 화합물을 이루면서 존재하고 있다. 산소와 결합한 물[H₂O], 탄소
와 결합한 메탄[] 등이 대표적인 화합물이다.

　수소가 우주 질량의 75%를 차지하고 있다고는 하지만, 우주에
있는 수소를 싸게 대량으로 가져올 수 있는 방법이 없다. 지구상에
서 화합물로 존재하는 수소를 분리해 내어 쓸 수밖에 없는 것이다.

수소를 생산하기 위한 방식은 다양하다. 궁극적으로 얻어지는 수소는 다 똑같지만, 그 생산 방식이 무엇이냐에 따라 편의상 색깔(그레이, 블루, 그린, 청록)의 이름을 붙여 부르고 있다.

그레이: 지금 96%의 수소를 이렇게 만든다

현재 전 세계에서 대량 생산되는 대부분의 수소는 소위 '수증기 개질steam reforming'이라는 방식을 통해 만들어진다. 수소를 생산하는 방식 중에 그나마 가장 경제적인 방식이기 때문이다. 천연가스의 주성분인 메탄CH_4 가스를 섭씨 700도의 고온에서 순수한 물H_2O과 반응시키면 수소H_2와 일산화탄소CO가 만들어진다. 여기서 생성된 일산화탄소를 다시 물과 반응시켜서 추가적인 수소를 만들어 내고 동시에 이산화탄소CO_2를 부산물로 생성시킨다.

천연가스 매장량이 풍부한 미국의 경우 95%의 수소를 천연가스를 이용한 수증기 개질을 통해 얻고 있고, 전 세계적으로도 천연가스를 이용해 생산된 수소가 가장 흔하다. 수증기 개질을 통해서는 천연가스 이외의 다른 탄화수소로부터도 수소를 추출해 낼 수 있지만, 천연가스를 이용하는 것이 그나마 CO_2 배출을 가장 낮출 수 있는 방법이다. 이는 메탄CH_4에 있는 수소 하나당 탄소의 비율이 다른 탄화수소에 비해서 가장 낮기 때문이다(탄소 하나에 수소가 네 개나 붙어있다). 하지만 메탄을 이용하더라도 1kg의 수소를 만드는데 약

5.5kg의 이산화탄소가 부산물로 생성된다. 수소 인프라로 전환하려고 노력하는 이유가 궁극적으로 CO_2 저감에 있음을 생각하면, 수증기 개질은 미래의 궁극적인 수소 생산 방식이 될 수 없다.

수증기 개질보다 더 저렴하게 생산되는 수소가 있긴 하다. 바로 석유화학이나 제철 공정 중에 부수적으로 발생되는 혼합 가스를 간단하게 정제해서 생산하는 '부생 수소'이다. 현재 우리나라에서 나오는 수소의 대부분은 부생 수소이다. 우리나라에서는 연간 약 200만 톤에 이르는 꽤 많은 부생 수소가 생산되지만, 이 중 대부분은 석유화학과 제철 공정에 내부적으로 다시 이용되고, 외부로 유통되는 물량은 약 5만 톤에 불과하다. 하지만 이 5만 톤이 결코 적은 물량이라고 할 수는 없다. 한 해 약 25만 대의 수소전기차에 쓰일 수 있는 양으로서 수소의 초기 활성화를 위해서 유용하게 사용될 수 있기 때문이다. 이는 수소 생산을 위한 추가적인 투자가 크게 필요하지 않은 가장 저렴한 생산 방식이기도 하다. 하지만 기존 공정의 부산물이기 때문에 생산량을 대폭 늘릴 수 없고, 부생 수소가 나오는 과정에서 적지 않은 양의 이산화탄소가 배출된다는 점도 단점이다.

2020년 말 기준, 전 세계에서 생산된 수소를 살펴보면 개질 수소와 부생 수소가 가장 많다. 각각 78%와 18%에 이른다. 전체 수소

중에 96% 가량이 이산화탄소를 배출하면서 생산되었다는 뜻이다. 이산화탄소를 배출하면서 생산되는 수소를 편의상 '그레이수소'라고 부른다. 이산화탄소가 발생됨에도 불구하고 이 방식을 고수하는 이유는 이것이 아직까지는 가장 값싼 수소 생산 방법이기 때문이다. '과연 수소가 지구온난화를 막는 데 필요한가?'라는 회의론이 힘을 얻는 이유이기도 하다.

블루: 이산화탄소만 모아서 땅속 깊숙이

단기간 내에 깨끗한 방식으로 수소를 대량 생산할 수 없다면, 현재 그레이수소 생산 과정에서 함께 만들어지는 이산화탄소에 대한 대책이 마련되어야 한다.

그 대책 중 하나가 바로 '탄소 포집 및 저장Carbon Capture and Storage, CCS' 기술이다. 'CCS'란 화력발전소, 제철소, 시멘트 공장 등과 같이 이산화탄소CO_2를 배출시키는 시설에서 CO_2를 따로 포집, 압축한 후 수 km 지하 깊은 곳의 이미 쓸모 없어진 탄광이나 유전, 혹은 심해에 영원히 가두어 버리는 기술을 말한다. CO_2를 배출하는 수증기 개질 방식을 통해 수소를 생산하되 'CCS' 기술을 이용해 이산화탄소를 처리하려는 노력이 진행되고 있다.

그레이수소를 생산하는 공정 말미에 CCS를 붙이면 이 역시 CO_2를 공기 중으로 배출시키지 않고 수소를 만들 수 있다. 이렇게 만들어진 수소를 '블루수소'라고 부른다.

최근에는 온실가스를 배출하는 공정 말미에 온실가스를 따로 포집해 공기 중으로 배출되는 것을 막는 것에 그치지 않고 일상의 공기 중에 존재하는 CO_2를 포집하려는 노력도 진행 중이다. 단순히 새로 발생되는 온실가스를 막는 수동적인 생각만으로는, 지구의 온도를 산업화 이전 대비 1.5도 이내로 유지해야 한다는 국제적 합의에 도달하기는 어렵다. 그래서 더욱 적극적으로 탄소를 없애기 위한 연구가 활기를 띠고 있는 것이다. CCS 기술이 주목받고 있는 이유도 여기에 있다. 테슬라의 CEO 일론 머스크는 2021년 초 사비를 털어서 유망한 탄소 포집 기술에 1억 달러의 상금을 내걸기도 했다.

하지만 새로 포집된 CO_2를 계속해서 땅속에 묻는 방식은 새롭기는 해도 안전한 방법은 아닐 수 있다. 장기적으로 예측하지 못한 이슈가 터질지도 모르기 때문이다. 높아진 압력이 지층에 영향을 줘서 지진을 일으킬 수도 있고, 지하 생태계에 장기적으로 어떠한 영향을 끼칠지도 모른다. 따라서 계속해서 땅속에 묻기만 하기보다는 포집된 CO_2를 유용한 곳에 재활용하는 과정도 고려하는 '탄소 포집 활용 및 저장Carbon Capture, Utilization and Storage, CCUS'이 더욱 이상적인 방법으로 보인다. CO_2를 화학적으로 변화시키지 않고 그 자체를 이용해서 작물 수확량을 늘리고, 비료 생산, 탄산수 등 식음료 생산과 드라이 클리닝, 용접 등의 산업 활동에 활용하거나, 석유 회수를 효율적으로 하는 데에도 쓸 수 있기 때문이다.

하지만 배출되는 CO_2의 양에 비해서 산업현장에서 쓰이고 있는 CO_2는 아직까지는 미미한 상황이다. 그러므로 CO_2를 다른 탄화수소와 혼합해서 가솔린, 항공유 등 다른 종류의 연료를 합성해 내거나, 다른 고부가가치의 화학 제품을 경제적으로 만드는 연구들도 함께 진행되고 있다.

공기 중에서 바로 CO_2 포집

공장 굴뚝에 장치를 달아서 탄소를 포집하는 방식에서 한걸음 더 나아가 아예 일상의 공기 중에서 이산화탄소를 포집해서 심해에 가두는 일을 하는 업체들도 생겨나고 있다. 탄소중립에 머무르지 않고 탄소 네거티브Carbon Negative를 위한 적극적인 움직임이라고 할 수 있다. '직접 공기 포집Direct Air Capture, DAC'이라고 불리는 개념인데 공기를 펌프로 빨아들여서 이산화탄소만 선택적으로 포집한 후 탄산음료 제조 등에 재사용하거나 영구적으로 지하에 가둔다.

현재 캐나다의 카본 엔지니어링Carbon Engineering, 스위스의 클라임웍스Climeworks, 미국의 글로벌 서모스탯Global Thermostat 등이 대표적인 DAC 업체들이다. 현재는 1톤의 이산화탄소를 포집하는 데 500

아일랜드에 위치한 클라임웍스(Climeworks)의 직접 공기 포집 플랜트 (출처: 클라임웍스)

달러에서 1,000달러 정도가 소요된다고 한다.

그런데 주인이 따로 없는 공기에서 이산화탄소를 폐기해 준다고 할 때 그 비용은 누가 치룰까? DAC 업체들의 주고객은 앞으로도 불가피하게 이산화탄소를 배출해야 하는 기업들이 될 것으로 보인다. 이들이 탄소세를 내거나 탄소 배출권을 시장에서 구입해야 하는 것이다. 2021년 2월 기준, 유럽의 탄소 배출권이 이산화탄소 1톤당 40유로 정도라는 것을 고려하면, 앞으로 DAC 기업들이 이윤을 남기려면 10배 이상의 원가 절감이 필요한 실정이다.

CCUS 기술은 전 세계적으로 이미 개발되어 있는 화석연료 기반의 에너지 생산 인프라를 그대로 이용하면서, 깨끗한 수소를 안정적으로 생산할 수 있을 때까지 시간을 벌어 줄 수 있는 방법이다. 수전해 기술이 앞으로 안정성과 경제성을 완전히 확보하기 전까지 블루수소가 버텨주는 버팀목 역할을 한다는 뜻이다. CCUS는 더 나아가 지구온난화 방지를 위한 '1.5도의 목표'를 현실화시킬 수 있는 필수불가결한 기술로 인식되고 있다. 우리나라뿐만 아니라 미국, EU, 일본 등 주요국이 CCUS를 탄소중립 계획의 핵심 전략 수단에 포함시키고 있다. 국제에너지기구IEA에 따르면 2070년에는 CCUS

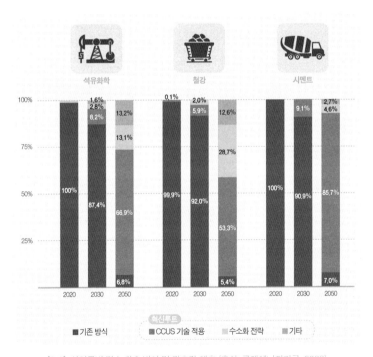

[3-1] 산업군별 탄소 감축 방안 및 감축량 예측 (출처: 국제에너지기구, 2020)

를 통해 연간 100억 톤의 CO_2를 포집, 이용함으로써 총 CO_2감축량의 15% 정도를 담당할 것으로 예측하고 있다.

하지만 CCS·CCUS는 비용의 측면에서 아직 가야할 길이 멀다. 우리나라는 동해가스전 지층에 2025년부터 30년간 연간 40만 톤씩 CO_2를 포집해 가두는 파일럿 사업을 석유공사를 중심으로 진행 중이다. 우리나라의 연간 CO_2 배출량이 7억 톤 이상이라는 것을 고려하면 충분하다고 하기는 어렵다. 게다가 아직까지 우리나라에서 이산화탄소를 묻을 수 있는 곳이 동해가스전 지층 이외에는 마땅치 않은 상황이다. 결국 포집된 이산화탄소 중 국내 처리가 어려운 것은 액화시켜 중동 등지의 해외로 보내야 한다. 실제 사우디아라비아 등의 중동 국가들은 해외로부터 이산화탄소를 가져와서 비어 있는 자국 내 유전과 가스전에 이산화탄소를 묻어주는 사업을 화석연료 시대가 저문 이후의 미래 주요 먹거리로 보고 있기도 하다. 전 세계적으로는 현재 약 20여 개의 대형 탄소 포집 시설이 구축, 운영 중이다.

CCUS의 역설

포집된 CO_2를 재활용할 수 있는 방안은 여러가지가 있지만, 현재 대부분은 정유 시설에서 더 많은 원유를 생산할 수 있도록 하는 소위 '원유 회수 증진'에 이용되고 있다. 원유를 채굴할수록 유전의 압력이 낮아져서 채굴이 어려워지는데, 이때 CO_2를 주입해 압력을 높임으로써 유전에 남아 있는 원유를 잘 밀어내도록 도와주는 방법이다.

CCUS가 공기 중 CO_2의 유입을 막거나 기존에 유입된 CO_2의 농도를 낮추는 데에 그 근본적인 의미가 있다고 생각하면, CO_2 배출의 원흉인 원유를 더 많이 생산하는 데에 포집된 대부분의 CO_2가 쓰인다는 사실은 역설적이다. 이런 이유로 정유업체들이 CCUS라는 환경 친화적인 이름 뒤에 숨어서 실제로는 포집된 CO_2를 이용해 더 많은 원유를 마음 편하게 생산하고 있다는 비판의 목소리도 높다.

그린: 물을 쪼갠다

앞에서 언급한 대로 부산물로 생성되는 이산화탄소를 그대로 공기 중으로 방출시키며 얻는 수소를 '그레이수소gray hydrogen', 탄소 포집 기술을 접목하여 이산화탄소를 대기 중으로 방출시키지 않고 얻는 수소를 '블루수소blue hydrogen'라고 부른다. 천연가스를 물과 반응시켜 얻는 소위 '수증기 개질' 방식뿐만 아니라 석유화학 공정에서 부산물로 발생되는 수소를 따로 뽑아내는 '부생 수소'도 그 공정 중에 이산화탄소를 배출해서 '그레이수소'에 포함된다.

반면 처음부터 이산화탄소를 생성하지 않고 얻는 진정으로 환경 친화적인 수소는 '그린수소green hydrogen'라고 부른다. 수전해 방식으로 얻어지는 수소가 대표적인 '그린수소'이다. 수전해는 연료전지에서 일어나는 반응을 반대로 하면 된다. 연료전지는 수소와 산소를 넣어서 전기와 물을 생성해 내는 장치인데$H_2 + \frac{1}{2}O_2 \rightarrow H_2O + 전기$, 수전해는 거꾸로 물에 외부 전기를 가해 줌으로써 수소와 산소를 발생시키는 장치이다$H_2O + 전기 \rightarrow H_2 + \frac{1}{2}O_2$.

수전해 장치도 연료전지와 마찬가지로 저온형과 고온형이 있다. 고온형 수전해 장치는 고체 산화물 연료전지Solid oxide fuel cell, SOFC와 구조, 재료, 작동 온도가 거의 유사하다. 다만 전기 에너지를 넣어서 수소와 산소를 빼내는 방향으로 반응을 거꾸로 시킬 뿐이다. 저온형은 크게 전해질에 따라 알칼리 수전해Alkaline Electrolyzer, AE와 고분자 전해질 수전해Polymer Electrolyte Membrane Electrolyzer, PEME로 나눌 수 있다.

알칼리 수전해는 1920년부터 연구 개발이 시작된 가장 오래되고 가장 성숙하고 안정적인 기술이다. 알칼리 수전해는 고가의 귀금속 촉매를 쓰지 않고 대규모 플랜트를 구성하기에 유리해서 대형화를 통한 비용 절감을 꾀하기 좋지만, 효율은 상대적으로 낮다. 고분자 전해질 수전해도 최근 많은 업체에서 상용화를 시도하고 있는데, 순도 높은 수소를 생산하고 전력 생산의 밀도가 높아 소형화

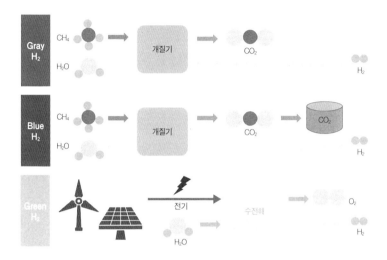

[3-2] 대표적인 수소(H₂) 생산 방식을 단순히 나타낸 그림이다. 그림에서는 생략되어 있지만, 수증기 개질을 통해 이산화탄소(CO₂)와 함께 배출되는 독성이 강한 일산화탄소(CO)를 완전히 연소시켜 독성이 없는 이산화탄소로 바꾸고, 추가적인 수소를 얻기 위해 보통은 수증기 개질 장치 뒤에 수성 가스 전이 반응장치(Water Gas Shift Reactor)를 붙인다.

에 유리할 뿐만 아니라, 전해질을 정기적으로 보충해 주어야 하는 알칼리 수전해에 비해 유지 보수하기에 편리하다.

미래의 주에너지원인 풍력과 태양력은 그 강도가 일정하지 않아서 이를 통해 만들어진 전기의 양도 들쭉날쭉하다. 그러므로 이러한 전기를 모아 나중에 쓸 수 있도록 수소로 만들어 비축해야 한다. 그런데 문제는 일정하지 않고 불안정하게 나오는 전력을 이용해 수소를 생산하는 과정도 그리 쉽지 않다는 데에 있다. 수증기 개질 대비 가격 경쟁력의 확보도 필요하지만, 급격한 전기 출력 변동 상

황에도 안정적으로 동작할 수 있는 수전해의 개발이 꼭 필요하다
는 뜻이다.

수전해 연구가 전 세계적으로 수십 년간 집중적으로 이루어지긴
했지만 대부분 안정적인 전기 에너지를 이용하여 진행되어 왔다.
수전해 연구에서 가장 앞선다는 유럽의 경우에도 출력 변동이 심
한 전기 에너지를 염두에 두고 진행한 연구는 10년 정도의 역사를
지니고 있을 뿐이다. 최근 우리나라에서도 한국에너지기술연구원
등에서 부하변동 대응형 수전해 스택을 개발하는 등 연구가 한창
이다.

온사이트 태양광 수소충전소

2010년, 일본 기업 혼다Honda는 태양광을 이용해 만든 전기를 이
용해 수전해 방식으로 현장on-site에서 수소를 직접 생산하여 수소
전기차에 충전하는 태양광 수소충전스테이션을 미국 LA에 소재한
R&D센터 내에 시범적으로 설치했다. 이 수소 충전 시스템은 태양
광으로 하루 0.5kg의 수소를 생산할 수 있다.

매일 0.5kg의 수소를 충전한다고 했을 때, 이를 1년으로 따지면
자동차 1대가 연간 1만 6천km 정도의 거리를 주행할 수 있는 양이
다. 그러므로 혼다가 만든 1기의 충전스테이션은 1대 정도의 수소
전기차만 커버할 수 있다. 따라서 원가 경쟁력은 차치하더라도, 이

실증을 통해서 엿볼 수 있는 것은 태양광 패널 넓이당 수소 생산량을 고려해 볼 때, 하루에도 수백 대를 충전해 줘야 하는 미래의 수소 충전소용으로는 현실적이지 않아 보인다는 것이다.

지난 10여 년간 태양광 기술이 크게 발전했고, 앞으로 더욱 가속화될 것이기 때문에 미래 상황이 달라지지 않을까 하고 기대를 가질 수 있지만, 패널의 단위 넓이당 생산할 수 있는 전력은 10년 전과 비교할 때 큰 차이가 없다. 또, 앞으로도 수십 퍼센트 이상의 효율 증대를 기대하기란 어렵다. 다만 태양광 패널의 가격이 떨어질 뿐이다. 하지만 추후 초기 설치비와 유지비가 부담스럽지 않은 수준까지 내려갈 수 있다면, 가정용으로서는 고려해 볼 수 있을 것으로 보인다.

혼다의 태양광 온사이트(on-site) 수소충전스테이션 (출처: 혼다 자동차)

청록: 물 대신 메탄가스를 '깨끗하게' 쪼갠다

수소 생산 방법으로서 소위 메탄 열분해 methane pyrolysis가 새롭게 대두되고 있다. 이름에서 알 수 있듯이 메탄 을 원료로 하는데, 간단히 말하면 메탄을 산소가 없는 고온의 반응기 속에 집어넣어서 고체의 탄소 와 수소 로 분해하는 방식이다. 반응기 안에는 산소가 없어서 메탄으로부터 분해된 탄소가 이산화탄소로 바뀌지 않고 고체 상태의 탄소로 남게 된다. 블루수소를 생산할 때에는 별도의 장치를 통해서 배출된 이산화탄소를 포집시키기 때문에 추가적인 비용 및 이산화탄소 저장소 확보 등의 문제가 따라오게 되지만, 메탄 열분해 방식의 경우에는 그런 걱정이 없다.

이론적으로, 메탄을 분해해서 1kg의 수소를 얻는 데에는 물을 분해해서 같은 양의 수소를 얻는데 들어가는 에너지의 반 정도밖에 들지 않는다. 게다가 수소와 함께 분해되어 나온 고체 탄소는 자동차 타이어 첨가제, 배터리 소재, 탄소 섬유 원료 등 다른 산업에 유용하게 쓰일 수 있다. 여기서 발생하는 부가가치가 수소 생산 비용을 상쇄함으로써 결과적으로 깨끗한 수소 생산에 드는 비용을 절감할 수 있게 된다.

이렇게 메탄 열분해를 통해 만들어진 수소를 흔히 청록수소 turquoise hydrogen라고 한다. 깨끗한 방식이지만 탄소가 함유된 메탄을 원료로 하기 때문일 것이다. 이 방식은 기존의 화석연료 기반 산

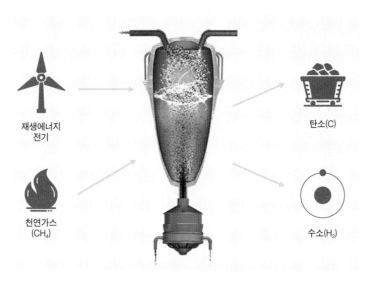

[3-3] 메탄 열분해를 통해 깨끗한 수소를 얻기 위해서는 재생에너지 전력을 이용한다. (출처: 모노리스, Monolith)

업을 그대로 유지시키면서도 청정수소를 확보할 수 있는 방법이라는 측면에서 그린수소가 만개하기 전까지의 과도기적인 방식으로서 상당한 매력이 있다. 하지만 아직은 기술이 초기 단계에 머물러 있다.

원료인 메탄과 열원인 재생에너지 전기가 저렴한 미국이나 중동과 같은 곳에서 향후 더욱 가격 경쟁력을 가지게 될 수소 생산 방식이다. 미국의 씨제로C-Zero사와 모노리스Monolith사가 대표적인 업체라고 할 수 있는데, 실증을 거쳐 현재는 본격적인 스케일업을 진행시키는 중이다.

수소 생산에 들어가는 비용

그레이수소보다는 블루수소, 블루수소보다는 그린수소를 생산해
야 되겠지만, 생산 원가는 그린수소가 그레이수소나 블루수소보다
아직은 훨씬 높다. 2020년 기준, 1kg의 수소를 생산하는 데 드는
원가는 그레이수소가 미화 약 1~2달러, 블루수소가 1.5~2.5달러,
신재생에너지 기반의 그린수소는 약 4~6달러가 소요된다. 하지만
갈수록 가중될 탄소세를 고려하면 머지않은 장래에 블루수소가 그
레이수소보다 오히려 더 저렴한 방식이 될 것으로 예상된다.

그린수소의 경우에는 재생에너지의 가변적인 출력 변동 하에서

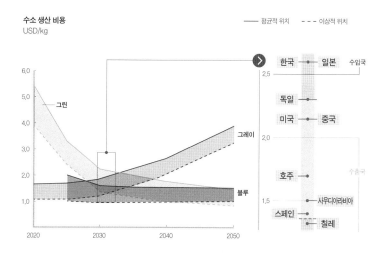

[3-4] 탄소세를 고려한 수소 생산 비용 전망에 따르면 2030년경에는 그린수소와 그레이수소간
의 크로스오버가 일어난다. (출처: Hydrogen Insights Report 2021, 수소 위원회 & 맥킨지 앤
컴퍼니)

도 충분한 내구성을 확보하는 등 아직 해결해야 할 기술적인 과제뿐 아니라 높은 생산 단가 등의 이슈가 많다. 이런 이유로 그린수소의 활성화까지는 많은 시간이 걸릴 수밖에 없기에, 과도기적이지만 블루수소를 추진하는 것이 수소사회를 조금이나마 앞당기기 위해 필요하다고 하겠다. 풍력과 태양광의 효율과 비용 경쟁력이 점차 증가하면서 그린수소의 단가는 지속적으로 하락해서 2030년대 초에는 그레이수소 단가와 크로스오버가 일어나고, 그 이후에도 지속적인 가격 하락으로 2050년에는 지역에 따라 kg당 1달러 미만의 가격으로도 그린수소를 얻을 수 있을 것으로 예상되고 있다. 최근에는 미국과 호주 정부가 더욱 공격적으로 그린수소 가격을 내릴 계획을 내놓고 있어 크로스오버가 더 앞당겨질 가능성이 높다. 미국은 2030년까지 kg당 1달러를 목표로 하고 있다.

　수소 생산 단가만 내려간다고 수소경제가 활짝 열린다고 장담할 수는 없다. 값싼 수소의 대량 생산이 중요한 것은 사실이지만, 그것도 따져보면 전체 수소의 가치사슬 중 일부에 불과하기 때문이다. 2020년 그레이수소의 판매가는 수도권에서 8,000~9,000원 사이에 형성되었는데, 생산에 드는 단가가 2,000~3,000원 사이임을 고려하면 판매가의 상당 부분이 저장, 보관 및 운송에 기인한다는 것을 알 수 있다. 수소의 저장과 이동은 비용의 측면뿐만이 아니라 기술적인 과제도 역시 많이 남아 있다.

보관용 탱크가
필요한 수소

가볍지만 몸집이 너무 커서 고민

수소는 무게당 에너지 밀도가 상당히 크다. 가솔린에 비해 3배 가까이 크다. 게다가 자동차에 쓰이는 수소를 이용한 연료전지 시스템의 효율은 40~50% 정도로서 가솔린 내연기관의 효율인 30%보다 1.5배가량 높다. 즉 연료 단위 무게당 자동차 파워트레인의 에너지량을 기준으로 하면, 수소전기차가 기존 자동차에 비해 약 4.5배가 크다고 할 수 있다. 현대자동차의 수소전기차 넥쏘NEXO가 1kg의 수소로 갈 수 있는 주행 거리가 96km 이상이라고 알려져 있다.

하지만 수소의 부피당 에너지 밀도는 다른 연료에 비해 아주 낮다. 수소전기차를 한번 충전으로 수백 km 운행하는 데 필요한 에너지를 제한된 공간에 충분히 싣기 위해서는 수소를 고압으로 압축해야 한다. 지금까지 수소전기차 양산에 성공한 현대와 토요타 이외에도 수십 년간 기술 개발을 해오고 있는 GM, 혼다, 메르스데스 벤츠 등의 업체들은 수소전기차에 싣는 수소를 대부분 300bar에서 700bar의 기체 상태로 저장한다. 1bar는 대략 우리를 둘러싸고 있는 공기의 대기압인 1기압으로 보면 된다. 자동차 타이어에 들어가는 공기의 압력이 3bar도 채 되지 않는다는 것을 생각하면, 수소전기차가 싣고 다니는 수소 탱크의 압력은 실로 엄청나다고 할 수 있다. 하지만 700bar로 압축을 한다고 해도 부피당 에너지 밀도는 가솔린의 6분의 1에 불과하다.

화석연료 시대의 끝자락에 있는 우리가 지금껏 연료 저장고로 써 왔던 부탄 가스통, LNG 가스통 등이 필요했던 것처럼 앞으로 다가올 수소시대를 살아가기 위해서는 수소를 안전하고 효율적으로, 적은 부피에 많이 저장하는 수소 저장고가 필수적이다. 그동안 수소를 저장하는 대표적인 방법으로는 가스 상태의 수소를 고압으로 압축시키는 방법, 초저온에서 액화시키는 방법, 고체 상태로 수소를 저장하는 방법 등이 연구 개발되어 쓰여 왔다.

그냥 꾹꾹 눌러 담아보면 어떨까?

수소 저장 기술 중 가장 보편적으로 사용하는 방법은 수소를 고압으로 압축하는 것이다. 대기압에서의 수소는 부피 밀도가 상당히 낮기 때문에 엄청난 고압으로 압축해야만 기존 가솔린이나 디젤에 조금이라도 가까운 부피 밀도를 가질 수 있다. 고압 수소를 저장하는 용기는 쓰이는 재료에 따라 Type 1부터 Type 4까지 4단계로 구분한다.

Type 1은 알루미늄이나 강철 등 금속으로만 만들고, Type 2는 이 금속 용기의 측면을 유리섬유 등으로 보강해서 만든다. Type 3부터는 탄소섬유가 쓰이는데, 탄소섬유는 철보다 4배 가벼우면서 강도는 10배가 더 강한 소재이다. 이를 알루미늄이나 플라스틱 재질의 용기 주위를 촘촘하게 감아서 쓰게 되면 폭발을 막는데 아주 효과적이다. 하지만 가격이 비싸고, 감는 방식에 따라 용기의 안정성이 좌우되기 때문에 앞으로 고압 수소 저장의 경쟁력에 있어서 주요한 변수이다. Type 1과 Type 2 용기는 150bar까지 저장이 가능하며, Type 3와 Type 4 용기는 350~700bar까지 저장이 가능하다. 2019년 이후 상용화되고 있는 수소자동차에서는 Type 4 용기를 주로 사용하고 있다.

수소전기차에 주로 적용되는 700bar의 압력으로 저장할 때, 1kg의 수소를 저장하기 위한 저장 탱크의 무게는 약 20kg 정도이다.

수소 가치사슬의 하부단_{운송 및 활용}에서는 이러한 금속이나 탄소섬유로 만들어진 탱크를 이용할 수밖에 없겠지만, 대규모 수소 생산지에서는 경제적인 수소의 저장을 위해서 암염층과 같은 자연적으로 형성된 지형을 이용할 수 있다. 대표적으로 미쓰비시 파워Mitsubishi Power사와 매그넘 디벨롭민드Magnum Development사는 미국

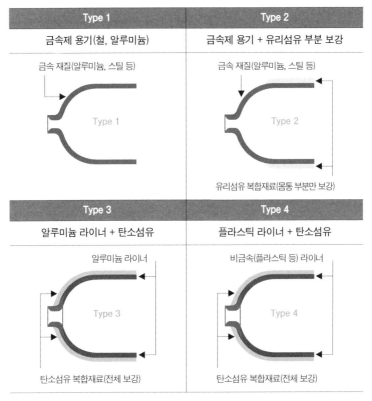

[3-5] 수소 기체 저장 용기 종류 (출처: Auto Journal 2019.02)

솔트레이크Salt Lake 시에서 130마일 떨어진 암염층에 대량 생산된 수소를 저장하는 Advanced Clean Energy Storage 프로젝트를 2019년부터 진행 중이다. 1차 프로젝트를 통해 2025년까지 150GWh의 에너지를 저장할 계획인데, 이는 미국에 지금까지 설치된 리튬 이온 배터리 총용량의 150배에 해당한다.

우리나라와 일본 등의 경우에는 아쉽게도 이러한 저장 공간을 찾기 어렵지만, 유럽, 미국, 중동 등지에서는 이러한 대형 '자연 저장 공간'의 미래 효용에 대해 상당히 낙관적으로 보고 있다.

영하 253도가 되면 작아지는 몸집

수소를 액체로 저장할 수도 있다. 모든 기체들과 마찬가지로 수소도 온도를 내리면 액화가 된다. 기체 상태의 수소는 대기압1bar에서 1리터의 부피당 질량이 0.05g 밖에 되지 않는 반면, 액체수소는 1리터당 71g에 이른다. 즉 액체수소 밀도는 기체 상태의 수소를 700bar의 초고압으로 압축한 밀도리터당 약 40g보다도 훨씬 크다. 이렇게 액체수소로 저장하게 되면, 수소의 부피 밀도 문제를 웬만큼 해소할 수 있다. 게다가, 수소 1kg당 필요한 저장 탱크의 무게6~8kg도 기체 압축 방식20~70kg에 비해서 훨씬 가볍다. 하지만 수소의 액화 온도가 섭씨 영하 253도의 극저온이어서 수소를 액화시키는 데에는 상당한 에너지가 소모되는데, 대략 수소가 가진 전체

에너지의 약 30~35%가 액화 과정에서 소모된다. 기체 상태에서 700bar의 고압으로 압축하는 데 드는 에너지의 3~4배가 소요되는 셈이다.

극저온의 환경을 보장하기 위해서는 극저온의 액화수소를 저장하는 내부 용기와 대기에 노출되어 있는 외부 용기와의 사이에 진공 상태의 공간을 두어 외부로부터 내부 용기로의 열유입을 최소화해야 한다. 만일 용기가 완전히 밀폐되어 있다면, 수소가 기화되어 내부 압력이 높아지는 경우에 폭발의 위험이 커서 가스가 빠져나갈 수 있는 누출구를 의도적으로 만들어야 한다[3-6]. 액화수소로 저장하는 방법은 아무리 단열이 잘 되어 있다 하더라도 미량의 수소가 매일 0.3% 가량 지속적으로 기화boil-off되기 때문에 장기간 저장에는 적합하지 않다고 여겨져 왔다. 하지만, 최근에는 극저온 상태를 잘 유지시켜 기화되는 수소의 양을 최소화함으로써 장기간

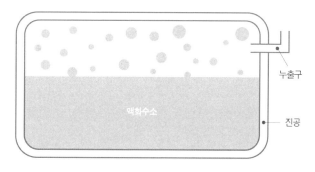

[3-6] 액화수소 저장 용기 개념도

저장 및 이송 중에도 유실되지 않도록 하는 연구가 상당한 성과를 거두고 있다.

우리나라의 수소 액화 저장 기술은 소용량의 수소 액화기를 사용하는 수준에 머물고 있으나, 미국, 유럽, 일본에서는 이미 액화 저장 탱크 및 액화수소 탱크로리 기술을 보유하고 있다. 특히 일본은 하루 5톤 규모의 수소 액화 플랜트를 개발하여 운영하는 등 수소를 액체 상태로 저장하는 기술에 박차를 가하고 있다.

비밀의 액체, 수소가 녹는다

수소를 액체 상태로 저장하는 또 다른 기술로서 액상 유기 수소 운반체Liquid Organic Hydrogen Carrier, LOHC를 이용한 대용량 수소 저장 방법이 있다. 액체로 된 유기화합물에 대용량의 수소를 녹여서 수소를 유기 화합물에 화학식으로 결합시켜서 저장하고, 다시 필요할 때 열을 가해서 녹아든 수소를 빼내는 방식이다. 순수한 수소를 액화하려면 극저온으로 온도를 내려야 하지만, LOHC를 이용하면 대기압과 실온에서 수소를 저장할 수 있어 취급이 훨씬 쉬워진다. 게다가 부피당 수소 저장 용량리터당 45~60g은 수소를 극저온으로 액화시켜 얻는 용량리터당 71g에 근접할 정도로 높아서 미래의 수소 운송 수단으로서 상당한 매력이 있다. 무게 측면에서도 나쁘지 않다. 수소 1kg당 16kg 정도의 액상 운반체가 필요하다. 수소를 기체 상태로 700bar로 저장할 때 수소 1kg당 요구되는 가스탱크의 무게와 비슷하다. 하지만 액상 유기 화합물에 저장된 수소를 활용하기 위해 수소를 다시 재추출하는 과정에서 많은 에너지가 필요하다는 단점도 있다.

LOHC 저장 기술은 대량 수소 저장 기술의 하나로서 호주, 미국, 독일 등에서 관련된 연구가 활발하게 진행되고 있으며, 일본은 2025년까지 LOHC 저장 기술의 상용화를 목표로 하고 있다. 우리나라도 한국과학기술원 등에서 LOHC의 원천 기술 확보를 위한 연구를 진행하고 있다. LOHC는 아직 연구 개발과 실증이 더 필요하지만, 초고압으로 압축하거나 극저온으로 냉각할 필요 없이 상온, 상압에서 액화수소에 버금가는 부피 밀도로 수소를 안전하게 저장하고 이송할 수 있고, 운송을 위해서는 기존의 가솔린 인프라를 그대로 이용할 수 있다는 측면에서 앞으로 수소 인프라 구축을 상당히 앞당길 수 있는 기술이 될 것으로 기대된다.

암모니아로 변신하라

풍력과 태양광이 풍부한 나라에서 값싸게 만든 그린수소를 재생에너지가 빈약한 나라가 대량으로 들여올 수 있게 하려면, 대용량 장거리 수소 저장 및 운송 기술이 전제되어야 한다. 이러한 기술로 가장 유망한 것은 앞에서 논의했던 초저온에서 액화된 수소와 LOHC 기반의 액화수소 외에 액화암모니아를 통한 방법이 있다. 액화암모니아는 액화수소보다 LOHC 방법으로 구현하기에 현실적이고 경제적이라고 인식되고 있다. 암모니아는 오랜 기간 비료를 만드는 원료로 전 세계적으로 대량 생산되어 왔기에 생산, 저장, 운송 등의 과정이 잘 알려져 있고 관련 인프라도 상당히 갖추어져 있기 때문이다.

암모니아$_{NH_3}$는 한 개의 질소 원자$_N$에 세 개의 수소 원자$_H$가 붙어 있는 분자이다. 우리가 숨쉬는 공기의 약 78%는 질소$_N$로 이루어져 있어서 어디에나 존재한다. 이 질소 분자를 둘로 쪼갠 후에 각각의 질소 원자에 수소 원자 세 개씩을 갖다 붙이면 암모니아가 된다. 수소를 암모니아로 변환시킨 다음 저온으로 액화시키면 더 많은 수소를 저장할 수 있어 장거리 운송에 유리하다.

놀랍게도 액화암모니아는 순수한 수소를 액화시킨 액화수소보다 오히려 수소 저장 밀도가 높아서 같은 부피에 1.5배 가량 더 많은 양의 수소를 저장할 수 있다. 게다가 수소를 액화하려면 영하 253도의 극저온으로 내려야 하지만, 암모니아는 영하 33도 정도면 액화 상태를 유지할 수 있어서 기술적으로도 훨씬 용이하고 비용도 적게 든다. 무엇보다 암모니아는 생산, 저장, 운송에 필요한 인프라가 이미 갖추어져 있어 막대한 인프라 시설 구축에 필요한 자금과 시간을 절약할 수 있다.

그린수소를 이용해서 만들어진 암모니아를 그린암모니아라고 부르기도 한다. 최근 글로벌 암모니아 기업들은 새로운 수소 저장 매개체로 암모니아의 가능성에 주목하고, 그린암모니아 기술 개발과 그에 따른 새로운 시장 창출에 박차를 가하고 있다. 일본, 영국 등에서는 탄소중립 수소경제를 위해서 그린암모니아를 국가적 전략 아이템으로 선정하고 도입할 예정이다. 이에 따라 2050년 연 400조 원 이상의 그린암모니아 시장이 형성될 것으로 전문가들은 예상하고 있다.

수소를 고체로 만든다고?

수소를 기체나 액체가 아닌 고체 상태로 저장할 수도 있다. 수소를 금속의 내부 또는 표면에 저장하고 필요한 경우 수소를 재방출하여 사용하는 방식이다. 스펀지처럼 다공성의 넓은 표면을 가진 3차원 구조로 만들어진 금속에 수소를 흡착, 탈착시키는 개념으로 생각할 수 있다.

어떤 금속들은 일상의 온도와 낮은 압력 조건에서도 고밀도의 수소와 화합물을 안정적으로 이루고, 또 약간의 열을 받으면 수소를 다시 놓아 주는 성질을 가진다. 보통 10기압 이하의 비교적 낮은 압력만 가하기 때문에 저장하기에 안전하고, 신속한 저장이 가능하다. 또 망간과 같은 값싼 금속을 사용하게 되면 비용 측면에서도 이점이 있다. 게다가 부피당 수소 저장 밀도는 극저온으로 저장해야 하는 액화수소에 비해 2배 가량 더 높다. 아직까지는 압축수소에 비해 상용화가 더디지만, 이러한 여러 장점들로 인해 기술 개발과 실증이 더 진행되면 상당한 시장 경쟁력을 갖출 수 있을 것으로 보인다.

고체수소 저장에 활용될 수 있는 물질은 수소 저장 합금, 금속수소화물 등 다양하다. 이 중에서 수소 저장 밀도와 경제성 등을 고려하면 수소 저장 합금을 이용한 저장 기술이 가장 유망한 기술로 인식되고 있다. 우리나라에서는 고체수소 저장 물질 개발, 수소 저장 성능 개선을 위한 원천 기술 위주의 연구가 진행 중에 있다. 그러나 독일, 프랑스, 호주, 일본 등에서는 수소 저장 합금을 이용한 시스템 수준의 기술 개발 및 상용화가 이미 이루어져 있고, 일본은 수소충전소에 고체수소 저장 시스템을 적용하여 시험 운전도 진행한 것으로 알려져 있다.

가정용 수소 배터리?

단독 주택이 많고 태양이 뜨거운 미국 캘리포니아 지역이나 호주 등지에는 가정집 지붕에 태양광 패널을 설치해 둔 곳이 많다. 태양광 전기는 낮에만 나오기에 보통 약 15kWh 용량의 배터리를 태양광 패널 옆에 붙여 두고, 낮에 남는 전기를 저장했다가 밤에 꺼내어 쓴다. 가구당 하루 평균 에너지 사용량이 15kWh 정도라는 것을 고려하면, 외부의 계통 전기를 끌어 쓰지 않아도 이 태양광+배터리 콤비만으로 어느 정도 자생할 수 있게 된다.

그런데 호주의 한 기업은 배터리 대신에 수소를 이용해서 태양광 에너지를 저장하는 시스템을 상용화했다. 햇빛이 쨍쨍할 때 남는 전기로 수전해를 통해서 수소를 생산·저장하고, 밤에는 그 수소를 연료 삼아 연료전지를 돌려서 전기를 만들어 쓰는 것이다. 이차전지 배터리가 아닌 수소 배터리라고 부를 수 있겠다.

이 기업은 수소의 저장을 금속 수소화물을 이용해서 고체 상태로 하기 때문에, 초고압이나 극저온 등의 처리가 필요 없어서 안전하

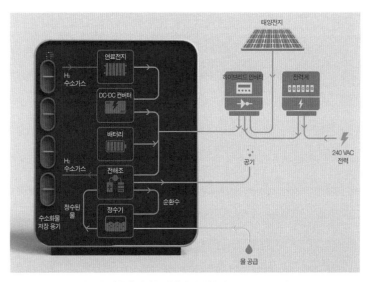

수소를 이용한 가정용 에너지 저장 (출처: LAVO.com.au)

고 동시에 부피 밀도도 높아 컴팩트한 시스템을 구현할 수 있었다.

그러나 배터리는 충전과 방전 사이클을 한 바퀴 돌아도 95%에 이르는 에너지를 그대로 쓸 수 있는 반면, 이 수소 배터리는 수전해와 연료전지 사이클을 도는 동안 절반이 넘는 에너지가 유실되는 단점이 있다. 하지만 배터리의 사이클 수명이 3천 회 정도라면, 이 수소 배터리는 2만 회까지도 무난하다고 한다. 즉 배터리보다 적은 에너지를 저장해도 밤 동안 전기가 모자라지 않는 가구라면 투자 대비 효용성 측면에서 오히려 유리한 시스템이라고 할 수 있겠다.

수소의 커다란 몸집,
이송 작전이 중요하다

다양한 이송 포트폴리오

이미 전 세계 국가들은 연간 1억 톤이 넘는 수소를 이용하고 있다. 탄소중립을 달성하고자 하는 2050년에는 수소의 소비량이 연간 5억 톤 남짓이 될 것이다. 이미 우리는 꽤 많은 수소를 쓰고 있는 셈이다. 그럼에도 지금까지는 장거리 운송에 대한 수요가 크지 않았다. 소비처가 대부분 정유, 화학 공장 등 대규모 생산 시설이어서 수소 생산지에서 이들 소비처까지만 파이프라인을 설치해두면 그만이었다. 하지만 앞으로는 다른 상황이 전개될 것이다. 수소를 전 세계적으로 광범위한 지역에서 에너지원으로 쓰기 위해서는 광범

위한 운송 수단이 필수적이다. 게다가 많은 경우 수소 생산지와 소비지의 거리가 상당히 멀고, 국가 간 운송량도 클 것으로 예상된다.

수소를 운송함에 있어서 가장 큰 걸림돌은 수소의 부피 밀도가 너무 낮다는 것이다. 수소는 같은 부피의 가솔린보다 2,700배나 적은 에너지를 갖고 있다. 이런 이유로, 수소가 기존 화석연료나 다른 대체 연료에 비해 경쟁력을 갖추려면 부피 밀도가 현저히 높아져야 하고, 이를 위해 수소를 압축하거나, 액화시키거나 또는 제3의 화합물을 만들기도 한다. 이러한 변환 과정이 비싸지 않아야 하고, 또 이렇게 변형된 형태의 수소를 저장하고 수송하는 과정뿐만 아니라 이를 위한 인프라 구축도 경제성이 있어야 한다. 지금까지 여러 방법들이 이미 이용되고 있거나 시도되어 왔는데, 수소를 생산해서 얼마나 많은 양을 얼마나 먼 곳으로 이동시켜 어떠한 용도에 쓸 것인지에 따라 유리한 저장 및 운송 방법이 달라진다.

파이프라인을 통해

파이프라인을 구축하게 되면 초기에는 큰 돈이 들어가지만, 한번 만들어지면 운영비가 별로 들지 않는다. 이미 천연가스를 각 가정과 건물, 공장 등에 배급하기 위해 거미줄처럼 파이프라인이 깔려 있다. 이 파이프라인 네트워크를 이용해 수소를 바로 수송할 수만 있다면 가장 경제적인 방법이 될 것이다. 하지만 천연가스 파이프라인의 재료로 쓰이는 강재는 고압의 수소에 장시간 노출되면 쉽게 부러지는 '취성*embrittlement*'이 있어 불행히도 기존 파이프라인을 그대로 수소 수송용으로 쓸 수는 없다. 수소 전용 파이프라인은 장기적으로 좋은 방법이 되겠지만, 이 인프라의 전반적인 구축을 위해서는 상당한 금액의 투자와 오랜 시간이 필요하다.

그러나 100% 수소를 기존 천연가스용 파이프라인에 흘릴 수는 없지만, 비교적 소량의 수소를 천연가스와 혼합해서 보내게 되면 취성 문제가 생기지 않는다고 한다. 그래서 여러 국가들은 새로운 수소 전용 파이프라인 네트워크가 구축되기 전까지 과도기적 방법으로 기존 천연가스와 혼합해서 수송하는 것을 검토하고 있다. 이 방법을 쓰기 위해서는 천연가스와 수소 혼합물의 비율을 제어해야 하고, 이송 목적지에 도착한 후에는 천연가스에서 수소를 다시 분리해야 하는 추가적인 비용이 발생한다.

아직은 이렇게 혼합가스 형태로 이송하기 위한 기술도 완숙 단계에 있다고 할 수는 없다. 개발과 실증 작업이 한창 진행 중이다. SoCalGas라는 미국의 회사는 2021년에 네덜란드 회사와 협력해서 천연가스 부피의 3~15%의 비율로 수소를 섞은 혼합가스를 기존 파이프라인으로 이송한 후, 도착지에서 전기화학적인 방법으로 수소를 추출해 내는 기술을 실증하는 중이다. 독일에서는 수송 후 도착지에서 수소와 천연가스를 탄소 필터를 통해 분리할 수 있는 기술을 개발하기도 했다.

이렇게 단기적으로는 기존 천연가스 파이프라인을 이용해서 혼합가스 형태로 운송할 수 있겠지만, 사실 이 방법은 생각만큼 탄소 저감 효과가 크지 않다. 부피당 에너지의 양으로 따지면, 천연가스에 비해서 수소가 가지는 에너지의 양은 1/3 정도밖에 되지 않기 때문이다. 수소를 20%나 혼합한다고 해도 이산화탄소 배출 억제는 7% 밖에 되지 않는다. 빠른 시간 안에 수소용 파이프라인이 구축되어야 하는 이유가 여기에 있다.

현재는 전용 파이프라인이 유럽과 미국을 중심으로 전 세계적으로 약 5,000 km에 걸쳐서 구축되어 있지만, 2050년까지 탄소중립 시나리오를 달성하기 위해서는 2030년까지 적어도 20,000 km가 필요하다고 한다. 새롭게 수소 파이프라인을 구축하는 것은 상당한 자본과 시간이 들지만, 다행히 기존 천연가스 파이프라인을 수소용으로 개조하는 것은 가능하다. 기존 파이프라인 종류에 따라서 간단하게 미터기나 밸브만 교체하면 되는 경우도 있고, 내부 코팅을 하는 등의 좀 더 비용이 드는 처리 방식도 있는데, 평균적으로 새롭게 구축하는 방법에 비해 약 20~30%의 비용이면 개조할 수 있다고 한다. 국제에너지기구IEA는 2040년까지 구축될 40,000 km에 달하는 파이프라인 중 75%가 이러한 기존 파이프라인 개조 방식으로 구축될 것이라고 예측하고 있다.

수소 전용 파이프라인이 구축되고 나면, 수소 운송의 경제성은 상당히 좋아진다. 수소위원회의 2030년 예측치에 따르면, 북아프리카에서 독일 등의 중부 유럽까지 파이프라인으로 수소 1kg당 0.5달러 정도면 보낼 수 있게 된다. 전선을 통해 같은 양의 전기 에너지를 전송하는 것에 비해 여덟 배가량 저렴한 방식이다.

튜브트레일러와 탱크로리

하루 1톤 이하의 비교적 적은 수소를 운송할 때에는 보통 기체 수소를 압축해서 튜브트레일러tube trailer라는 길다란 용기에 저장, 운송한다. 수소충전소로 수소를 운송할 때에는, 수소 튜브트레일러 차량에서 트레일러만 내려 충전소에 설치할 수 있고, 이 수소는 충전소의 압축 패키지를 거쳐 차량의 연료로 충전된다.

현재는 주로 200bar 남짓한 압력으로 저장해서 한 번에 350kg 정도의 수소를 트럭으로 운송하고 있다. 수소전기차에 싣고 다니는 수소 탱크에 비해 상당히 큰 실린더에 압축 저장하기 때문에, 수소전기차에서 쓰이는 700bar의 높은 압력을 튜브트레일러 규모의 큰 저장 용기에서도 안전하게 견디게 하는 것은 기술적으로 까다롭다. 하지만 운송 가격을 지금보다 현저히 낮추기 위해, 튜브트레일러의 압력과 용적을 늘리는 방향으로 기술적, 제도적 노력을 기울이고 있다. 튜브트레일러용으로는 Type 1이나 Type 2가 주로 쓰여 왔지만, 국내에서는 2020년부터 Type 3, Type 4를 이용한 고압형 튜브트레일러에 대해서도 실증 사업이 진행되고 있다. Type 4 튜브트레일러를 이용해 450bar의 압력으로 운송하게 되면, 한 번에 500kg의 수소를 충전소에 공급할 수 있게 된다. 이는 충전소에 요구되는 하루 용량으로 충분한 양이다. 우리나라 정부는 수소 수송을 위한 튜브트레일러의 압력과 용적 기준 제한을 현행 450bar, 450리터에서 2024년까지 700bar, 1400리터 수준까지 높이겠다고 수소경제 활성화 로드맵에 제시했다.

기존의 각종 유류를 운반하는 트럭들처럼, 수소도 액체 상태로 저장하여 탱크로리로 운송할 수도 있다. 액화수소는 같은 압력의 기체에 비해 거의 1,000배에 가까운 부피 밀도를 가지고 있어, 기본적으로 훨씬 많은 양의 수소를 한 번에 운송할 수 있다. 실제로 25톤급 액화수소 탱크로리를 이용하면, 고압 튜브트레일러에 비해 1회 운송량이 10배에 이른다고 하는데, 수소 운송비가 수소 가격의 상당 부분을 차지한다는 것을 고려하면 비교적 대량의 수소가 필요한 수요처에서는 탱크로리가 적합한 수소 공급 수단이 될 것으로 보인다. 게다가 탱크로리는 수소 압력이 1~2bar 정도에 불과해서 안전하고, 수소 용기 압력 규제에 의한 제약도 받지 않는다는 장점이 있다. 다만 수소를 액화시키기 위해서는 초저온으로 온도를 내려야 하기 때문에 에너지 효율 측면에서 불리하고, 연료전지 등

[3-7] 액화수소를 실은 탱크로리 트럭 (좌), 압축 기체 수소를 실은 튜브트레일러 (우)
(출처: gettyimage, OVID)

The LOHC 개념

[3-8] 액상유기수소 운반체를 통한 수소 저장 및 운송 개념 (출처: HySTOC)

에서 수소를 궁극적으로 이용하기 위해서는 다시 기화시켜야 하는 등 번거로운 과정이 필요해서 소량의 수소 운반에는 적합하지 않다고 할 수 있다.

대량의 수소를 기체 상태로 운반하기에는 낮은 부피당 에너지 밀도 때문에 운송비가 많이 들고, 그렇다고 영하 253도 이하로 온도를 내려 수소를 액화시켜서 운반하자니 액화 과정에서 에너지 손실도 많고 설비도 만만치 않다. 이러한 단점을 보완해 줄 수 있을 대안으로서 액상유기수소 운반체LOHC가 큰 기대를 모으고 있다. 일본과 독일 등의 나라는 LOHC 실증 사업과 상용화를 이미 진행하고 있다. 특히 독일의 하이드로지니어스Hydrogenious Technology사는 리터당 수소 57g에 이르는 많은 수소를 저장할 수 있는 LOHC를 개발해서, 수소 저장, 운송, 재추출하는 시스템을 상용화하고 있다. 현대자동차도 2020년에 이 회사에 투자하면서 대규모 수소 유통 솔루션에 LOHC 기술을 적용하려 매진하고 있다. 액상의 유기물 운반체에 수소를 결합시켜 저장하고 이송한다는 개념은 같지만, 각 나라와 업체마다 LOHC에 적용하는 유기화합물의 종류가 다르고, 이에 따라 수소 저장 밀도와 수소 재추출 방법에는 조금씩 차이가 있다.

장거리 이동에는 대형 선박이 최고

국가 간 대규모 수소 운송은 주로 선박을 통해서 이루어질 것이다. 기체 상태의 수소는 어느 정도 고압으로 압축한다고 하더라도 부피 밀도가 낮고, 선박으로 운송할 정도로 대규모의 수소를 초고압으로 압축하기 위해서는 많은 비용과 안전상의 문제가 따른다. 이런 측면에서 선박을 통한 수송은 주로 액화수소나 LOHC 또는 액화암모니아 형태로 이루어질 것으로 보인다.

액화수소를 운송하는 선박은 전 세계적으로 아직 개발 단계에서 실증 단계에 머물러 있다. 일본의 경우에는 호주에서 생산한 수소를 극저온으로 액화시켜서 일본으로 운송할 수 있는 선박을 가와사키 중공업 주도로 2019년에 세계 최초로 제작하고, 2021년부터 실증 사업을 본격적으로 진행하고 있다. 우리나라도 2021년에 극저온에서 기화를 최소화할 수 있는 단열재와 저장 장치 디자인을 개선하는 등의 노력을 통해 액화수소를 안전하고 효율적으로 운송할 수 있는 선박의 개발을 서두르고 있다.

암모니아의 경우에도 부피를 줄이기 위해서는 액화시켜서 운송해야 하는데, 영하 253도까지 내려야 하는 수소와 달리 영하 33도만 되어도 액화할 수 있기 때문에 훨씬 쉽고 저렴하게 저장과 운송이 가능하다. 암모니아는 용도가 비료와 석유화학에 한정되어 있어 중소형 가스선으로 주로 운송되고 있지만, 암모니아를 선적할 수 있는 초대형 가스 운반선도 이미 전 세계적으로 20여 척이 있는 것으로 알려져 있다. 암모니아의 이러한 운송 영역에서의 장점들 때문에, 수소 대신 암모니아를 주요한 에너지 매개체로 키워야 한다는 목소리도 나오고 있다. 이에 관해서는 4부에서 좀 더 자세히 논의한다.

선박을 이용한 LOHC의 대량 수송은 액화수소 수송과 마찬가지로 아직 초기 단계에 머물러 있는데, 이는 LOHC를 배에 싣기 어려워서가 아니라 LOHC 기술 자체가 아직 성숙하지 않은 탓이라고 할 수 있다. LOHC는 고압이나 저온 환경이 필요하지 않아 기존에 석유를 운송하던 유조선을 그대로 이용할 수도 있다. 일본은 치요타화공건설을 중심으로, 브루나이에서 생산된 그린수소를 일본까지 LOHC 기반으로 선박과 트럭으로 이송한 후 수소 사용처에서 수소를 추출해 내는 프로젝트를 이미 2015년부터 진행하고 있다.

친환경 선박: 암모니아 추진선

수소의 효율적인 저장과 운송을 위해 잠시 암모니아 형태로 변환했다가 다시 수소로 변환시킬 수도 있겠지만, 이 과정에서 생기는 에너지 변환 비용을 피하기 위해 이미 만들어진 암모니아를 그대로 연료로 쓰려는 움직임도 활발하다.

전 세계 이산화탄소 배출량의 3%에 이르는 어마어마한 양이 선박에서 발생한다고 한다. 현재 화물선이나 유조선 등 대부분의 선박들은 화석연료를 태워서 추진하기 때문이다. 최근 국제해사기구IMO가 2050년까지 2008년 대비 탄소 배출량을 70% 줄인다는 계획 아래, 2023년부터 연간 2%씩 탄소를 감축하는 안을 채택함에 따라 조선업계가 바짝 긴장하고 있다. 이산화탄소를 비교적 적게

암모니아 추진선 렌더링 이미지 (사진: C-Job Naval Architects)

배출하는 액화천연가스LNG 추진선이 새로운 트렌드가 된지 얼마 되지 않았는데, 이제는 아예 탄소 배출이 없는 수소나 암모니아로 추진되는 선박 개발이 필요한 상황이다.

암모니아는 수소에 비해서 저장이 쉽기 때문에 배에 싣고 연료로 사용하기도 용이하다. 암모니아를 이용해 동력을 얻기 위해서는 기존 LNG 엔진처럼 내연기관의 연료로 쓸 수도 있고, 연료전지에 적용할 수도 있다. 내연기관의 연료로 쓰는 경우에는 암모니아의 느린 연소 속도를 보완하기 위해 약간의 탄화수소 기름을 같이 넣어주어야 하지만따라서 이산화탄소가 조금 발생한다, 연료전지로 쓰게 되면 별도의 연료 주입 없이 전기 에너지를 만들어 내고 부산물로 질소와 물만 배출한다.

국제에너지기구^{IEA}는 탄소제로가 실현될 2050년에는 선박 추진용 에너지의 45%가 암모니아로 충당될 것으로 예측하기도 한다.

지금부터 제대로 준비해야

수소 저장 및 운송을 위한 방법은 여러가지가 있고, 각기 장단점이 있다. 따라서 일괄적으로 어떤 특정 방식을 선택하기보다, 수소 운송량과 운송 거리, 주변 여건 등에 따라 적절한 방법을 선택하게 될 것이다.

앞에서 논의한 대로 기체 압축은 기술적으로 안정되어 있고, 이미 널리 사용되고 있는 방법이지만 수소의 부피당 밀도가 낮고 저장 압력이 높아 위험성이 존재한다는 단점을 지니고 있다. 반면 액화수소, 고체수소, LOHC, 암모니아 변환 등은 부피당 저장 밀도가 높고 고압이 불필요하기에 안전도도 높다. 하지만 액화수소는 초저온 상태를 유지하기 위해 막대한 에너지가 들고 지속적 누출로 인해 장기 보관이 어렵다. 고체수소와 LOHC의 경우에는 부피당 수소 밀도는 높지만 무게당 밀도가 낮고, 보관 후 수소를 재추출하는 과정을 거쳐야 한다는 단점이 있다. LOHC도 수소 재추출 과정에서 상당한 에너지를 잃게 된다.

암모니아로 변환해서 저장하는 방법은 높은 수소 저장 밀도, 기존 노하우와 인프라 덕분에 적어도 중단기적으로는 가장 유망한 대량 수소 운송 수단으로 평가된다. 하지만 이 방식 역시 수소를 재추출하는 과정에서 아직은 많은 비용이 들기 때문에, 이와 관련한 기술 진보가 요구된다. 같은 이유로, 수소로 재변환을 하지 않고 암모니아 자체를 연료로 쓸 수 있는 사용처를 늘여갈 수도 있겠다.

현재는 압축 기체 형태로 대부분의 수소 저장이 이루어지고 있지만 국가 간의 대규모 운송에는 적합하지 않다. 수소 에너지 산업의 성장과 함께 대량의 수소를 한번에 저장하고 이송하고자 하는 수요가 빠르게 늘어날 것이기 때문에, 액화수소나 LOHC 등의 기술 개발과 인프라 확충이 요구되는 시점이다.

수소를 주요 청정에너지원으로 쓰기 위해서는 인구가 밀집된 대도시 등에서도 대용량으로 저장해야 할 필요가 커질 것인데, 압축된 기체 수소는 낮은 부피당 밀도로 인해 부지 가격, 압축 용기의 경제성 등을 고려했을 때 대용량 저장 방식으로는 적합하지 않을 수 있다. 안정성 측면에서도 초고압의 기체 상태로 저장하기에는 불안함이 있다. 액화수소, LOHC, 고체 저장 등의 기술 확보를 위해 발걸음을 재촉해야 하는 이유가 여기에 있다.

우리나라의 수소 저장 및 운송 기술은 수소 생산 기술과 함께 해외 기술에 비해 뒤처져 있는 형편이다. 미래 재생에너지 빈국으로서 대량의 수소를 해외에서 수입하고, 또 그 물량을 전국적으로 유기적이고 경제적으로 유통시키기 위해서, 그리고 거대한 신에너지 시장의 발빠른 선점을 위해서는 다양한 저장, 운송 기술을 확보해야 한다. 이를 위한 정부의 세밀한 전략 수립과 지원, 기업들의 적극적인 투자가 지속되어야 하겠다.

4부

수소사회는
어떻게 오나

1장

수소경제 사회로
가는 길

2050년 수소사회 스냅샷

수소가 우리의 산업과 생활 전반에 영향을 주게 될 미래의 '수소사회'는 어떤 모습일까. 앞으로 수소는 자동차, 기차 등 운송 부분뿐만 아니라, 쉽게 예측하기 어려울 정도로 광범위한 영역에 걸쳐 크게 활용될 것이 분명하다.

다양한 에너지원을 이용해서 만들어진 수소는 파이프라인이나 선박, 트럭 등을 통해 우리 사회 곳곳으로 옮겨질 것이다. 그리고 이들 수소는 기존에 우리가 석유 자원을 이용해 사용하던 자동차, 기차, 선박 등 운송 수단의 파워트레인 외에도 현재 전기가 이용되

는 가정 및 상업용 건물의 조명, 가전은 물론 산업 시설의 구동에
도 쓰일 것이다. 현재 가스를 주로 이용하고 있는 특정 가전이나
건물 난방도 앞으로는 수소를 쓰게 될 것이다. 수소의 사용은 여기
서 그치지 않는다. 수소는 현재처럼 제철, 화학 공정이나 암모니아
생산 공정에 계속해서 대량으로 쓰이게 됨은 물론 앞으로는 고부
가가치 합성 연료를 만드는 원료로서의 활용도 더욱 커질 것으로
기대된다.

수소는 이렇게 다양한 형태의 에너지원으로 사용될 것이며 더 나
아가 산업 공정을 위한 처리 물질 또는 원료로서 광범위한 곳에 소
비될 것이다.

지금까지 화석연료 중심의 사회에서는 운송용 에너지원으로 원
유를 정제해서 얻은 가솔린이나 디젤을 사용해 왔다. 난방이나 고
온 공정을 위해서는 천연가스가 주류였고, 냉방 및 조명을 비롯해
서 각종 기계와 전기 장치의 구동을 위해서는 주로 화석연료의 연
소나 원자력으로 얻어진 전기를 이용해 왔다. 이렇듯 에너지가 소
비되는 곳에 따라 각기 다른 에너지원을 써 왔고, 이들 에너지원
사이에는 상호 전환이 불가능하거나 전환이 가능하더라도 매우 제
한적이었다. 이를테면 천연가스가 일시적으로 남아돈다고 해도,
석유가 쓰여야 하는 곳에 천연가스를 바로 가져다 쓸 수 없었다.
그러므로 에너지원의 종류를 가리지 않고 전체를 놓고 봤을 때 에

너지 공급의 총량이 수요의 총량보다 훨씬 많을 때에도, 특정 에너지원의 공급이 수요보다 적다면 공급 부족 문제가 발생하는 것이었다.

이런 측면에서 본다면 수소는 매우 유연하다. 수소는 앞에서 봤듯이 아주 광범위한 영역에서 에너지원 또는 산업 공정의 원료로 쓰일 수 있다[4-1].

수소는 가솔린과 디젤이 사용되었던 자동차와 기차뿐만 아니라, 천연가스가 사용되었던 난방을 위해서도 바로 쓰일 수 있다. 또 다

[4-1] 화석연료 기반의 사회(위)와 전력 및 수소 기반의 사회(아래). 수소는 전기를 생산하고 저장할 뿐 아니라, 다른 종류의 연료를 만들거나 운송과 냉난방의 연료로 사용되고, 철과 암모니아 등의 생산 및 여타 산업 공정에도 쓰이는 등 광범위한 영역의 에너지 매개체로 이용될 것이다.

른 형태의 연료나 암모니아 등을 만드는 원료로의 전환이 용이할 뿐 아니라, 필요할 때 다시 전기 에너지로의 전환 역시 쉽게 이뤄진다. 이러한 관점에서 수소는 전체 에너지 생태계에 있어서 하나의 거대한 통일된 에너지 매개체의 역할을 할 수 있다. 따라서 본격적인 수소경제는 더욱 거대한 '규모의 경제'를 이룰 수 있는 기회를 제공하고 전체적인 에너지의 수급을 훨씬 유연하게 할 것이 분명하다. 현재의 탄소경제 하에서는 어떠한 정치적 이슈나 자연재해 등으로 인해 어느 지역에서 특정한 에너지원의 공급이 끊기는 에너지 위기에 봉착할 위험성을 항상 지니고 있었지만, 수소 중심의 에너지 생태계에서는 그러한 위험성이 상대적으로 줄어들 것이다.

이러한 개념은 독일의 에너지 전환 정책에 소개된 이후, 최근 많이 언급되고 있는 '섹터 커플링sector coupling'과 일맥상통한다. '섹터 커플링'이란 한마디로 에너지 시스템의 통합을 의미한다. 초기에는 '수송과 난방 부분의 전력화를 통한 에너지 시스템 연계' 정도의 의미로만 쓰였지만, 차츰 전 영역에 걸친 에너지 소비 부분뿐만 아니라 공급 부분도 유동적으로 연계하여 전체적인 에너지 시스템의 유연성과 효율성을 꾀하는 체계라는 의미로 진화되었다.

'섹터 커플링'은 궁극적으로 재생에너지에서 나오는 전기를 '모든 것의 에너지원'으로 삼는 것을 지향한다. 원래부터 전기가 쓰였던 곳뿐만 아니라 냉난방, 수송 등의 전 부분에 걸쳐서 전력을 에너지원으로 사용하기 위해서는 전력을 이용한 값싼 대규모 수소 생산 기술이 필수적이다. 이 책에서 여러 차례 논의한 바와 같이, 재생에너지의 간헐성과 변동성에 대응하기 위해서 큰 규모의 에너지 저장 수단을 얻고, 이를 통해 시간적, 공간적 수급의 유연성을 도모하려면 수소가 꼭 필요하기 때문이다. 수소는 더 나아가 전력화가 어려운 소비 부문에서 요구되는 연료를 만드는 기본 원료로서도 역할을 할 수 있다.

수소사회로 전환이 된다 해도, 화석연료를 쓰지 않는다는 것은 아니다. 많은 주요 국가들이 2050년까지 탄소제로를 이루겠다고 공언했지만, 탄소제로는 배출되는 탄소가 전혀 없다는 것이 아니다. 배출되는 탄소가 다시 포집되거나 소비되는 탄소와 균형을 맞추어서 추가적인 탄소의 순배출이 늘지 않는다는 이야기이다. 이런 의미에서 탄소중립이라는 용어가 더 정확한 표현이겠다.

2050년이 되어도 여전히 우리는 많은 석유와 가스를 이용하고 있을 것이다. 석유와 가스를 대체할 수 없는 많은 공정과 장치들이 여전히 존재하고 있을 것이고, 석유와 가스를 이용한 화학 제품의 생산도 지속될 것이다. 하지만 수소사회에서는 현재 화석연료를 사용하는 아주 많은 영역에서 큰 변화를 이룰 것임에는 의심의 여지가 없다.

'수소사회'는 선택 아닌 필수, 시작이 중요하다

수소사회는 하루아침에 이루어질 수 없다. 아직은 수소사회로 향하는 걸음마 단계에 불과하다. 2050년 탄소중립을 이루기 위해서는 수소의 생산, 저장, 운송, 유통 등 전체 가치사슬value chain에 걸쳐 광범위한 개발과 투자, 인프라의 신속한 구축이 요구된다. 그러나 수소 산업의 활성화는 대규모 재생에너지 인프라가 무르익었을 때에만 의미가 있다. 재생에너지의 간헐적이고 불안정한 전력 생산 특성을 보완하고, 대량의 재생에너지 저장과 이동을 가능하게 하는 것이 수소의 주요한 역할이기 때문이다. 반대로 진정한 재생에너지 사회는 대량의 에너지 저장과 이동이 가능한 때에야 열릴 것이다. 재생에너지의 간헐성과 변동성 때문이다. 즉, 재생에너지와 수소는 서로 의지하며 같이 커가야 한다.

수소 산업이 전 세계적으로 추진되고 관련 계획들이 구체화된 것은 최근의 일이다. 수소에 대한 실질적인 투자가 이루어지고 정책의 로드맵을 마련하고 실천하려는 의지에 가속도가 붙었다. 이제는 많은 기업들이 앞다투어 수소 산업으로의 전환을 꾀하고 있지만, 이러한 움직임이 본격적으로 시작된 것은 불과 1~2년 전이다. 여기에는 몇가지 이유가 있다. 앞서 언급했듯이 최근에서야 전 세계적으로 재생에너지를 통한 발전 단가가 기존 화석연료 기반의 발전 단가와 비슷하게 맞추어졌다는 것이다. 수소 산업의 활성화를 위한 전제 조건인 재생에너지의 경제성이 어느 정도 충족됐다.

이와 더불어 파리협약의 당사국들은 탄소중립 달성을 위한 국가 차원의 계획을 2020년까지 일제히 발표해야 했고, 이 계획의 수립 과정에서 수소가 탄소중립을 위해 필수불가결한 요소라는 사실을 직시하게 되었다. 재생에너지의 비중이 커지면 커질수록 전력망 안정과 폐기 전력 최소화를 위해 대규모의 에너지 저장이 전제되어야 하는데, 이러한 에너지 저장 및 이동 인프라의 전 지구적 확충을 그나마 안정적이고 경제적으로 가능하게 하는 방법으로서 수소 이외엔 마땅한 대안이 보이지 않아서다. 2020년 각국이 발표한 탄소중립 달성을 위한 중장기 계획에서 수소가 주요 추진 요소라는 것을 서로가 다시 확인하면서 전 세계적으로 수소의 테마가 본격적으로 불붙기 시작한 것으로 보인다.

이제는 '수소사회가 정말 올 것인가whether'의 문제가 아니라, '언제 올 것인가when'의 문제로 귀결되고 있다. 수소 산업은 탄소사회에서 청정에너지 사회로 전환되는 대규모 에너지 패러다임의 변화를 가능하게 만드는 열쇠다. 그렇다면 이 수소가 일상생활에 깊숙하게 스며드는 소위 '수소사회'를 우리는 언제쯤 맞이하게 될까가 최대 관심사이다.

100개에 가까운 글로벌 기업 CEO들이 모여서 수소경제에 대한 장기적인 비전을 공유하고 추진하는 '수소위원회Hydrogen Council'에서는 2050년의 연간 수소 소비량을 5억 4천만 톤으로 예측하고 있다. 이는 현재 쓰여지고 있는 수소의 6배 정도에 해당하고, 2050년 기준 전 세계 에너지 소비량의 18%에 달하는 막대한 양이다. 블룸버그Bloomberg NEF는 2050년 수소 에너지 비중이 22%에 이를 것이라고 전망한다. 현재는 거의 대부분의 수소가 정유와 산업 공정용 첨가물 및 원료로 쓰여지고 있는 반면, 앞으로는 에너지원으로서의 쓰임이 급격하게 증가할 것이다[4-2]. 우리나라의 '수소 산업 로

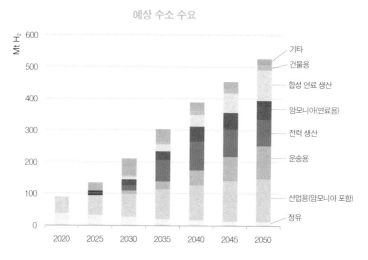

예상 수소 수요

[4-2] 탄소중립이 달성될 2050년까지 트럭, 선박 등 운송용 및 가정과 건물용 에너지, 중·대형 발전소 뿐만 아니라 암모니아와 합성 연료 생산을 위한 원료로서의 수소 수요가 지속적으로 증가할 예정이다. (출처: 국제에너지기구, 2021년)

드맵'에 따르면, 2050년 국내 수소 수요는 전체 에너지 소비량의 약 21%에 해당하는 1,700만 톤에 이를 것으로 예상하고 있다.

대부분의 주요국이 탄소중립을 이루겠다고 목표를 정한 2050년 까지 수소는 어떤 과정을 거쳐서 우리에게 다가오게 될까. 우리는 어떤 길을 가야 가장 효과적으로 탄소 저감을 이루는 방향으로 수소를 이용할 수 있을까.

수소 생산: 그린수소 본격 가속, 과도기엔 블루수소로

현재에도 대량의 수소가 전 세계적으로 이용되고 있다. 하지만 거의 대부분은 원유 정제, 암모니아 생산 및 여타 산업 공정에 쓰이고 있을 뿐이고, 청정에너지원 또는 에너지 매개체의 개념으로 이용되는 수소는 아직 미미하다. 아직 수소의 생산, 저장, 운송, 충전, 이용에 이르는 전체 가치사슬에 대한 인프라와 가격 경쟁력이 확보되어 있지 않기 때문이다.

우선 수소를 에너지원으로 쓰려고 하는 주된 이유가 온실가스를 배출하지 않는 청정에너지 인프라를 구축하고자 하는 것이다. 그러므로 수소 자체의 생산도 온실가스를 생성하지 않는 깨끗한 방식으로 이루어질 수 있어야만 의미가 있다. 하지만 현재 대부분의 수소는 '그레이수소'로 이산화탄소를 발생하는 방식으로 생산되고 있다. 가장 싸게 수소를 얻을 수 있는 장점이 있지만 어쩔 수 없이 이산화탄소를 배출하는 방식이다. 게다가 '그레이수소'의 생산에서 소비에 이르는 과정을 보면, 화석연료를 이용해서 수소로 만든 후에 다시 필요한 다른 에너지 형태로 변환해서 쓴다. 그래서 같은 화석연료를 수소를 거치지 않고 원하는 형태로 바로 바꾸어 이용하는 현재의 방식에 비해서 누적 에너지 손실이 많아질 수밖에 없고, 오히려 온실가스의 배출을 높이는 결과를 낳기도 한다. 따라서 수소를 에너지원·매개체로서 본연의 의미에 맞게 제대로 쓰기 위해서는 깨끗한 방식으로 수소를 싸게 대량 생산할 수 있어야 한다.

재생에너지를 에너지원으로 수소를 얻는 방식이 궁극적인 청정 수소 생산 방식이지만, 이러한 그린수소의 생산 단가가 아직 그레이수소보다 훨씬 높다는 게 문제다. 단기간 내에 그린수소의 대규모 확충이 어려운 상황이기 때문에, 그린수소가 충분한 가격 경쟁력을 가지기 전까지 블루수소가 가교 역할을 해주어야만 한다.

블루수소는 지금처럼 천연가스 등 기존의 화석연료를 이용해서 수소를 생산하되, 부산물로 배출되는 이산화탄소를 따로 포집해서 저장하거나 이용함으로써 온실가스 배출을 막는 방식이다. 블루수소의 육성은 곧 수소 에너지 산업의 성장과 인프라 확충을 촉진시킴과 동시에, 화석연료 기반의 산업에서 재생에너지 기반의 산업으로 전환하는 과정에서 완충 작용을 해줄 수 있을 것으로 기대된다. 2021년 6월 현재 전 세계적으로 21개의 대규모 상업용 탄소 포집, 이용 및 저장CCUS 설비가 운영되고 있다.

앞으로 이 블루수소에 집중적인 투자를 해야 하는가의 여부는 딜레마이다. 우선 CCUS시설을 구축해도 이산화탄소가 100% 포집되는 것은 아니다. 상당 부분은 여전히 배출된다. 최근에는 탄소 포집 과정에서 쓰이는 메탄가스 때문에 전체적인 온실가스 감축 효과가 그레이수소에 비해 미미하다는 코넬대와 스탠포드대의 연구 결과로 인해 블루수소를 추진하는 것이 과연 옳은가에 대한 의문이 제기되고 있기도 하다.

게다가 탄소를 포집한 후에 지하에 가두는 대신 재활용할 경우에도 재활용처에 따라서 다시 공기 중으로 대부분의 탄소가 배출될 수 있다. 탄산수, 석유화학 제품이나 합성 연료 등의 제조가 대표적인 사례인데, 제조 당시에는 탄소가 배출되지 않는다 하더라도, 최종 소비한 후에는 다시 배출된다. 무엇보다도 현재 포집된 탄소의 대부분은 더 많은 화석연료를 캐내는 원유회수증진Enhanced Oil Recovery, EOR에 이용되고 있다.

결국은 재생에너지 발전 단가와 수전해 효율 및 가격 경쟁력을 높여서 최대한 빠른 시간 안에 그린수소 생산을 늘리는 것이 가장 이상적인 시나리오라고 할 수 있다. 그렇지 않아도 미래 청정에너지 에코시스템을 구축하는 데에 천문학적인 자본과 자원이 소요되는 상황에서, 과도기의 대안인 블루수소에 너무 많은 투자를 유도하는 것은 현명하지 못한 선택일 수 있기 때문이다.

2021년 국제에너지기구는 상당히 빠른 속도의 탄소 포집과 수전해의 스케일업scale-up을 통해, 2030년에는 70% 가량을, 2050년에는 총 생산량 5억 4천만 톤의 거의 대부분을 블루수소와 그린수소가 차지하게 될 것으로 예상했다.

미국은 2021년 7월에 발표한 에너지부Department of Energy의 '에너지 어스샷Energy Earth Shot'이라는 계획 하에 2030년까지 그린수소를 1kg당 1달러에 생산하는 것을 추진하고 있다. 어스샷Earth shots이라

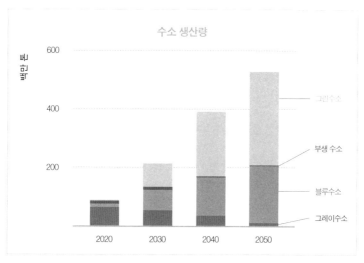

[4-3] 현재 화석연료와 부생 수소에 의존하고 있는 전 세계 수소 생산은 탄소 포집 기술과 결합한 블루수소와 수전해를 통한 그린수소로 빠르게 전환될 전망이다. (출처: 국제에너지기구, 2021년)

는 이름은 지구 Earth를 지키기 위한 혁신적인 행동 shots을 뜻하는 것으로 1960년대 케네디 대통령 시절, 유인 달 탐사라는 대담한 계획을 문샷 Moonshots으로 칭한 것에서 비롯됐다. 호주는 국가수소전략에 따라 2030년까지 1kg당 2호주달러 약 1.4미국달러에 그린수소를 생산한다는 계획을 갖고 있다.

수소 국제 운송: 암모니아부터

우리나라와 일본은 재생에너지 자원이 빈약한 나라에 속한다. 이러한 나라들은 그린수소의 생산 단가가 높고 태양광이나 풍력 발전을 할 수 있는 공간 확보에 대한 제약도 커서 상당량의 수소를 호주, 중동 등지에서 수입해야 할 것으로 보인다. 기체 상태의 수소는 한 번에 많은 양을 들여올 수 없기 때문에 해외로부터는 액화수소, LOHC, 또는 액화암모니아의 형태로 들여오게 될 것이다.

국제에너지기구의 분석에 따르면, 2030년을 기준으로 볼 때 일본의 경우에는 수소를 일본 국내에서 생산하는 것보다 호주에서 생산해서 일본으로 이송해 오는 것이 저렴하다 [4-4]. 수소를 액화하여 들여오는 경우에는 액화하는 비용 약 $1.2/kg이 수소 자체를 호주에서 생산하는 비용 약 $1.7/kg에 육박하고, 초저온으로 액된 수소를 출입국터미널에 저장하는 비용 약 $0.8/kg 역시 만만치 않다. 수소를 LOHC에 저장하는 방식의 경우에는, 수소를 LOHC로부터 재추

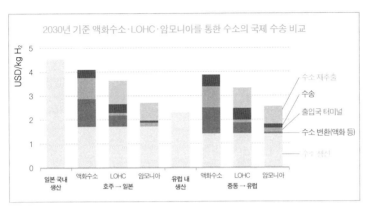

2030년 기준 액화수소·LOHC·암모니아를 통한 수소의 국제 수송 비교

수소 재추출
수송
출입국 터미널
수소 변환(액화 등)
수소 생산

일본 국내 생산 / 액화수소 LOHC 암모니아 (호주 → 일본) / 유럽 내 생산 / 액화수소 LOHC 암모니아 (중동 → 유럽)

USD/kg H₂

[4-4] 단기적으로는 암모니아 변환을 통한 선박 수송이 경제적인 국제 운송 수단이 될 것으로 보인다. (출처: 국제에너지기구, 2021년)

출하는 비용^{약 $1.0/kg}이 수소를 LOHC에 저장시켜 호주에서 일본까지 이송하는 비용^{약 $0.9/kg}에 비해 오히려 더 많이 든다. 암모니아로 변환하는 방식의 경우에는, 출입국터미널에 저장하고 국제 수송하는 비용은 훨씬 저렴하나 암모니아를 다시 수소로 재추출하는 과정에서 상당한 비용이 든다.

하지만 액화수소, LOHC, 암모니아 중 어떠한 방식으로 변환하더라도 호주에서 생산해서 수입을 하는 것이 일본 국내에서 생산하는 것보다 더 경제적이다. 이러한 이유로 일본은 호주뿐만 아니라 브루나이, 러시아 등 해외로부터 수소를 공급받기 위해 국제 협력과 실증을 범정부차원에서 가장 적극적으로 추진하고 있다. 우리나라도 일본과 같은 상황에 놓여 있기 때문에, 2050년에 생산될

2,790만 톤의 수소 중 20%만 국내에서 생산하고, 나머지는 호주 등 해외에서 생산하거나 수입할 계획을 2021년 11월에 발표 _{1차 수소경제 이행 기본계획}했다.

수송 방식 중에서는 적어도 단기적으로는 암모니아의 형태로 들여오는 것이 비용 측면에서 유리할 뿐 아니라, 기존 운송 인프라와 노하우를 그대로 쓸 수 있어서 선호될 것으로 보인다.

암모니아는 단위 부피당 수소의 밀도가 가장 커서 운송 비용이 싸다. 수소를 액화암모니아로 변환하는 데에 드는 비용도 수소를 액화시키는 방법에 비해 훨씬 저렴하다. 다만 암모니아의 경우, 수소로 재추출하는 비용이 상대적으로 비싸서 선박 등 암모니아 자체를 무탄소 원료로 쓸 수 있는 사용처를 늘려간다면, 중장기적으로도 더욱 각광받는 장거리 운송 방식이 될 것으로 보인다.

우리나라는 2021년부터 포스코 그린암모니아 생산 담당, 한국조선해양 암모니아 추진선 개발, HMM, 롯데글로벌로지스 암모니아 추진선 운영, 롯데정밀화학 그린암모니아 운송 등의 업체와 한국선급 암모니아 추진선 인증이 컨소시엄을 이루어 해외 그린수소를 암모니아로 전환한 후에 국내로 들여오고 선박 연료로도 이용하는 넓은 가치사슬의 수소 사업을 추진하고 있다.

수소 국내 운송: 점진적, 선별적 파이프라인 구축으로

한 국가 내에서 또는 유럽처럼 한 대륙 내에서 수소를 옮기는 방식은 크게 트럭 운송과 파이프라인 pipeline 운송으로 나눠볼 수 있다. 어떤 방식을 선택하는가 하는 문제는 여러가지 용도와 상황에 따라 결정될 것이다. 예를 들면, 원유 정제나 암모니아 생산과 같이 한 곳에서 대량의 수소가 필요한 경우에는 이를 위한 전용 수소 생산 플랜트를 근처에 만들거나 수소 생산지로부터 전용 파이프라인을 설치하는 것이 합리적이다.

그러나 수소가 소비되는 곳이 여러 곳으로 분산되어 있고, 각각의 장소에서 소비량이 크지 않다면 파이프라인을 설치하기보다는 트럭으로 수소를 필요할 때마다 공급받는 것이 경제적이다. 트럭을 이용하면 초기 투자에 큰 비용을 들이지 않고 시작할 수 있으나 운송할 때마다 계속 비용이 발생하는 반면, 파이프라인의 경우에는 초기 투자비와 구축 시간이 많이 들지만 한번 인프라가 구축된 이후에는 비용이 크게 줄어드는 장점이 있다.

기존 도시가스 배관으로 수소를 보낼 수도 있지만 배관이 빨리 상하기 때문에, 수소를 위한 새로운 운송 파이프라인이 필요하다. 하지만 수소의 소비가 활성화되지 않은 현실에서 그러한 인프라를 대규모로 구축하는 것은 어렵다. 그러므로 수소 전용 파이프라인을 구축하기 전에 기존 도시가스용 파이프라인을 한시적으로 이용할 수 있다. 도시가스는 주로 천연가스를 원료로 하는데, 우리나라는 초저온에서 액화된 천연가스Liquefied Natural Gas, LNG를 카타르, 호주, 미국 등 해외로부터 해상으로 들여와 이를 기화시켜 각 소비자에게 배관을 통해 공급한다.

2021년 기준으로 전국 총 43,725km에 이르는 도시가스 배관이 곳곳에 설치되어 있다. 이 기존 배관을 통해서 순수 수소를 보내게 되면 배관의 부식이 쉽게 생기지만, 수소와 천연가스를 섞어서 보내면 이러한 부담을 덜어낼 수 있다. 다만 이 경우에는 최종 사용처에서 수소를 다시 추출하고 불순물을 거르는 부수적인 과정이 더해져야 한다.

또 다른 대안으로서, 수소가 필요한 곳까지 기존 도시가스 배관을 통해 천연가스를 보낸 후 도착지에서 수증기 개질을 통해서 수소를 직접 생산하는 방법도 여러 곳에서 실증 사업이 이루어지고 있다. 국내의 경우 가스공사가 주축이 되어서 전국의 천연가스 배관망과 공급 관리소를 활용해서 2030년까지 25개의 수소 생산 시설을 구축하고 설비 대형화와 운영 효율화로 제조 원가를 낮출 예정이다. 하지만 이 방식은 개질 과정에서 이산화탄소가 배출되기 때문에, 단기적인 수소 수요 대응에는 도움이 될 수 있겠지만 중장기적인 해법이 될 수는 없다.

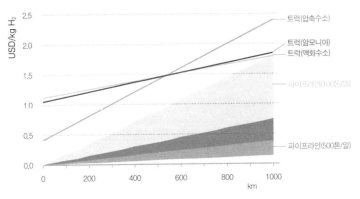

운송 거리에 따른 수소 운송 비용

트럭(압축수소)
트럭(암모니아)
트럭(액화수소)
파이프라인(100톤/일)
파이프라인(500톤/일)

[4-5] 인프라가 구축되어 있다면 트럭보다 파이프라인을 통한 운송이 저렴하다. 장거리 트럭 운송의 경우 액화수소 또는 암모니아의 형태로 운송하는 것이 유리하다. (출처: 국제에너지기구, 2021년)

 트럭으로 운송하는 경우에도 단거리 운송이라면 간단하게 기체 상태로 압축해서 운반하고, 장거리의 경우에는 좀 번거롭고 에너지 소모가 크지만 액화하여 운반하는 것이 낫다. 액화하면 부피를 크게 줄일 수 있어서 한 번에 많은 양을 옮길 수 있기 때문이다. 수소위원회의 2020년 비용 분석에서는, 이것을 결정하는 거리 분기점이 300~400km 정도라고 보고 있고, 국제에너지기구는 500~600km라고 분석한다[4-5]. 최근 적극적으로 개발되고 있는 액상 유기 수소 운반체LOHC는 고압이나 초저온 처리가 필요하지 않다는 장점을 지니고 있어 본격적으로 상용화된다면 활용할 수 있는 범위가 매우 커질 것으로 예상된다.

수소 활용 인프라: 대형 사업용 차량부터

다른 가치사슬의 인프라도 마찬가지이지만, 특히 수소충전소 인프라 구축은 수소전기차 시장의 성장과 떼어서 생각할 수 없다. 현재는 수소충전소가 드물어서 수소자동차 수요 확충에 제약이 있고, 수소자동차가 적어서 충전소 건립도 활성화되지 못하고 있는 상황이다. 이를 타개하기 위해서는 각 부문에서 출혈을 감수하며 먼저 투자를 감행하고, 동시에 정부나 지자체에서 실질적으로 시장을 움직일 수 있을 정도의 상당한 규모의 예산을 오랜 기간 투입해야만 한다.

아직은 일반 소비자가 테슬라 등에서 생산된 배터리 전기차보다 승용 수소전기차에 대해 매력을 느낄만한 요소를 찾기는 어렵다. 차량 가격도 훨씬 비싸고, 충전소는 찾기 어려우며, 심지어 운전의 재미예를 들어 보통 '제로백'으로 측정되는 순간 가속 능력 등도 떨어진다. 이러한 시장 상황에서 수소전기차 시장을 활성화하기 위한 무조건적인 투자는 자칫 밑 빠진 독에 물 붓기가 되기 쉽다. 전략적인 접근이 필요하다.

수소전기차가 배터리 기반의 전기차에 비해 상대적으로 강점을 가지는 대형 차량, 사업용 차량 부문segment부터 먼저 키워나가는 것이 합리적이다. 우선 가격과 무게 측면에서 유리한 버스, 트럭, 기차, 선박 등과 같은 대형 운송 수단 시장을 세단이나 SUV 시장보다 먼저 고려해야 한다. 이러한 대형 운송 수단의 파워트레인으로서는 에너지 밀도가 낮은 배터리보다 수소가 훨씬 쉬운 선택이 된다. 또 충전소를 여러 곳에 많이 설치해야만 활성화될 수 있는 개인용 차량 시장보다 주로 한정된 경로만을 반복적으로 운행하는 사업용commercial 차량 시장도 먼저 고려해야 한다. 사업용 차량에 집중한다면 기차의 종점, 트럭이나 버스의 차고지 등 몇 곳에만 충전소를 설치해도 수소차의 운용이 가능하다. 개인용 차량은 하루에 한 두시간 정도 운전하기 때문에 배터리로 충전할 수 있는 여유가 있지만, 사업용 차량의 운행 시간은 차주의 이윤에 직접적인 영향을 주기 때문에 수소의 충전이 빨라야 한다.

수소전기차를 생산하는 회사 입장에서는 시장이 비교적 일찍 열리는 사업용 차량 시장을 먼저 겨냥하되, 다양한 부문에 동시에 뛰어드는 것이 유리할 것이다. 트럭, 버스, 기차, 선박 등의 각각의 시장을 따로 떼어놓고 보면, 연료전지 시스템의 수요량이 자가용 시장에 비해 그리 크지 않아 규모의 경제를 통한 원가절감이 어렵기 때문이다. 이런 사정으로 현대자동차는 다양한 차종에 수소전기차를 추진하겠다고 밝히기도 했다.

기존의 내연기관 차량과는 다르게 수소전기차의 경우에는 다른 부문 간에 규모의 경제를 비교적 쉽게 달성할 수 있다는 장점이 있다. 내연기관의 경우 세단용 엔진과 트럭용 엔진은 처음부터 다르게 설계해야 하고, 이들 생산 라인의 공유에도 한계가 분명하다. 하지만 수소전기차의 경우에는 세단과 트럭에 쓰이는 엔진이 같다. 모두 연료전지 스택이기 때문이다.

　일례로 현대자동차의 대형 트럭인 엑시언트Xcient 초기 모델의 경우, 승용 모델인 넥소Nexo에 들어가는 연료전지 스택 두 개를 넣어서 만들었다. 연료전지 스택을 대량 생산해서 여러 모델에 동시에 적용함으로써 규모의 경제를 통한 원가 절감을 쉽게 꾀할 수 있는 것이다. 이는 테슬라가 기가팩토리Gigafactory에서 리튬 이온 배터리를 대량 생산하여 여러 모델에 적용하는 것과 같은 이치라 하겠다.

암모니아사회

수소는 운송이 어려워, 암모니아는 어떨까?

수소를 에너지의 매개체로 하는 '수소사회'보다 '암모니아사회'를 구현하자는 주장도 최근 주목을 받고 있다.

재생에너지를 떠받치기 위한 대규모 에너지 매개체로서의 수소는 그 저장과 운송이 기술적, 경제적 난제이다. 수소를 기체 상태로 압축해서 운송하자니 한번에 배편으로 실어 나를 수 있는 수소 에너지의 양이 너무 적어 경제성이 떨어지고, 액화하거나 LOHC에 녹여서 옮기자니, 부피당 에너지 밀도는 높일 수 있지만 경제성이 여전히 많이 떨어진다. 앞에서 언급한 것처럼 액화 상태로 운송, 저장하기 위해서는 영하 253도의 극저온을 유지해야 하기에 에너지가 많이 소요되고, LOHC에 수소를 저장하는 방식은 저장, 운송, 재추출하는 과정에서 수소 생산에 버금가는 정도로 많은 비용이 든다. 이 두 방식 모두 기술적, 산업적 성숙도도 초기 단계에 머물러 있다.

이런 문제 때문에 수소 대신 암모니아를 에너지 매개체로 삼는 생태계를 구축하는 것이 더 합리적인 방안이라는 주장이 일각에서 힘을 얻고 있다. 우선 수소H_2를 암모니아NH_3로 바꾸면 저장과 운송이 훨씬 용이해진다. 액화를 하기 위해 극저온이 필요한 수소와는 달리 암모니아는 영하 33도면 액화시킬 수 있다. 일반적인 냉동고 정도면 암모니아를 액화시켜서 저장하고 운송할 수 있다는 것이다. 요즘은 가정용으로도 영하 60도까지 내릴 수 있는 냉동고가 시중에 나와 있으니 말이다.

온도를 내리는 대신 상온에서 10기압 정도의 압력만 가해도 쉽게 액화시킬 수 있으니 암모니아의 액화는 여러모로 용이하다고 할 수 있다. 게다가 액화시킨 암모니아는 영하 253도에서 액화된 수소에 비해 오히려 부피당 1.5배 더 많은 수소를 함유하고 있어서 한번에 더 많은 수소를 옮길 수 있다.

더욱 중요한 것은 암모니아를 저장하고 운송하는 기술적 노하우와 산업 인프라가 이미 많이 구축되어 있다는 사실이다. 선박과 파이프라인을 통한 암모니아의 운송은 지금까지도 늘 해오던 일이었다. 전 세계적으로 매년 1억 7,500만 톤에 달하는 암모니아가 생산된다. 이는 700억 달러(약 84조 원)의 시장 규모에 해당하는 엄청난 양이다. 거의 대부분의 암모니아가 비료를 만드는 데 쓰이기 때문에 우리가 체감하지 못했지만, 연간 세계 LPG 가스 시장이 3억 톤 정도라는 것을 생각하면 암모니아가 얼마나 많이 생산, 유통되고 있는지를 짐작할 수 있다.

암모니아는 수소와 마찬가지로 탄소를 배출하지 않는 에너지원

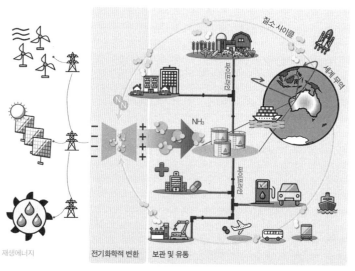

[4-6] 암모니아사회에서의 에너지 흐름. 이 그림에서는 암모니아 생산을 전기화학적 변환으로만 표시하고 있지만, 현재에는 거의 대부분의 암모니아를 하버-보슈법으로 생산하고 있다. (논문 출처: Joule, 4, 1186, 2020)

이다. 그럼에도 수소에 비해서는 저장과 운송이 훨씬 쉽고 이미 구축된 많은 인프라도 이용할 수 있다. 이런 이유로 수소 자체를 힘들게 저장하고 운송하려 하는 대신, 암모니아를 에너지 매개체로 쓰게 되면 완전한 재생에너지 사회를 손쉽게 구현할 수 있을 것이라는 주장이 가능하다. 이러한 그림이 실현되는 곳을 '수소사회'와 대비되는 의미로 '암모니아사회'[4-6]라고 한다.

암모니아 에너지는 어디에 어떻게 쓰일까?

수소와 질소로부터 암모니아를 합성하는 기술은 오랜 기간을 거쳐 오면서 많은 발전을 이루어 90%에 가까운 높은 효율을 보인다. 반면에 암모니아를 거꾸로 수소와 질소로 분리하는 기술은 비교적 새로운 영역이라 어렵고 효율도 낮다. 따라서 에너지 소비처인 목적지에 도달해서 굳이 암모니아를 수소로 전환하지 않고, 암모니아 자체를 연료로 쓸 수 있는 방법들을 모색하는 것도 좋을 것이다. 암모니아를 직접 연료로 쓴다면 어떠한 곳에서 어떠한 방식으로 쓸 수 있을까?

암모니아를 연료로 이용해서 우리가 원하는 열, 기계적, 전기적인 에너지를 얻는 방식은 수소를 연료로 이용해서 얻는 방식과 같다. 크게 보면 암모니아를 연소하는 방식과 연료전지를 통해 전기를 얻는 방식이 있다. 연소 방식은 현재 화석연료를 이용한 발전 방식과 마찬가지로 증기터빈, 가스터빈, 내연기관으로 나눌 수 있을 것이다.

연소를 통한 방식

먼저 증기터빈은 연료_{암모니아}를 연소시켜 생성시킨 열을 이용해 물을 끓이고, 여기서 생긴 고압의 증기 힘으로 터빈을 돌려서 기계적인 에너지를 만들어낸 후, 터빈에 달려있는 발전기를 통해 전기를 얻는다.

가스터빈은 물이 아니라 외부에서 유입시킨 공기를 이용하는 방식이다. 압축기를 이용해 외부 공기를 들여와서 고압으로 압축시킨 후, 여기에 연료를 투입해 생성시킨 고온·고압의 가스로 터빈을 구동한다. 이 힘을 이용해서 항공기, 선박 등의 대형 운송 수단의 추진력을 얻는 데 쓰거나, 발전기를 달아서 터빈이 돌아가는 힘으로 전기를 얻는다.

한편 내연기관은 가솔린이나 디젤로 동력을 얻는 자동차에서 주로 쓰이는 방식을 말한다. 연료와 공기를 실린더에 주입시켜 연소시키고 여기서 나오는 고온·고압의 기체를 이용해서 피스톤과 축차를 반복적으로 강하게 움직이게 하는 힘을 만들어낸다.

증기터빈, 가스터빈, 내연기관 방식 모두 암모니아를 공기와 연소시킴으로써 에너지를 얻게 되는데, 이 연소 과정에서 질소산화물NOx도 불가피하게 만들어지기 때문에 이를 최소화하는 별도의 장치가 필요하다. 또한 암모니아는 다른 연료에 비해 연소시키기가 상당히 까다로운 특성이 있는데, 이런 부분을 보완하고자 수소나 천연가스 등과 혼합시켜 연소시키는 연구도 많이 진행되고 있다.

암모니아는 우선 자연발화온도섭씨 651도가 상당히 높아 디젤 등 별도의 점화원igniter을 소량이라도 첨가할 필요가 있다. 게다가 암모니아는 다른 탄화수소 계열의 연료에 비해 화염의 속도도 4분의 1 가량 밖에 되지 않아, 화염 속도가 빠른 수소를 소량 혼합하거나 암모니아를 연소실로 고압 분사하는 등의 방법으로 연소 속도를 높여야 한다.

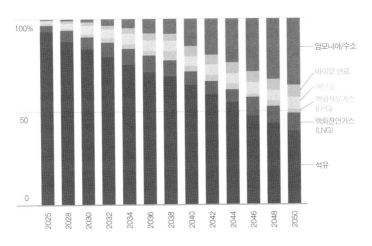

[4-7] 연도별 해운 산업의 사용 연료 구성 예측치 (출처: IEEE, 미국해운선급)

우리나라의 에너지기술연구원에서는 2013년 암모니아를 가솔린과 혼합한 연료로 구동되는 혼소 자동차를 개발한 바 있고, 독일의 만에너지솔루션MAN ES, 핀란드의 바르질라Wartsila, 한국의 현대중공업 등 주요 글로벌 선박엔진 제조사에서도 암모니아 엔진 개발을 적극적으로 진행하고 있다.

한편, 영국의 항공기 제조업체인 리액션엔진Reaction Engines사는 영국 정부기관Science and Technology Facilities Council과의 협력을 통해서 암모니아를 항공기용 제트 엔진에 적용하는 시험을 하고 있다. 액화된 암모니아를 날개에 넣어두고, 엔진에서 나오는 열을 이용해서 일부 암모니아를 수소로 바꾼 후, 이 수소를 암모니아와 혼합하여 제트 엔진에 주입, 연소시켜 추진력을 얻는다는 것이다. 여기서 나오는 부산물의 대부분은 환경 친화적인 질소N_2와 물H_2O이다. 제조사는 기존의 제트엔진에 큰 변화를 주지 않고도 비교적 단기간에 암모니아 기반의 항공기를 상용화할 수 있을 것이라고 기대한다.

연료전지를 이용하는 방식

당연하게도 암모니아NH_3에서 다시 순수한 수소 분자H_2를 뽑아낸 후에는 연료전지를 이용해 전기를 생산할 수 있다. 자동차, 버스 등 수송용으로 대부분 쓰이고 있는 고분자 전해질 연료전지PEMFC의 경우에는 암모니아에 상당히 취약하기 때문에 수소를 추출한 후 정제 과정을 거친 후에야 연료로 이용할 수 있지만, 알칼리 연료전지Alkaline Fuel Cell는 PEMFC에 비해 암모니아에 너그러워서 수소를 추출한 후 별도의 정제 과정 없이 바로 이용해도 된다. 물론 PEMFC에 비해서는 비교적 전력 생산의 밀도가 낮고 효율이 떨어지는 단점은 있다.

하지만 수소를 미리 추출해 내지 않고도 암모니아를 그대로 쓸 수 있는 연료전지도 있다. 고체산화물 연료전지SOFC 처럼 고온에서 동작하는 연료전지이다. 원래 SOFC에서 수소 전극의 촉매제로 쓰이는 니켈Ni이 암모니아를 수소와 질소로 쪼개 주는 촉매제 역할도 하기 때문이다. 아직은 상용화가 이루어지지 않았지만, 질소산화물NOx이 배출되지 않고 높은 효율과 1천 시간 정도의 내구성을 성공적으로 보여 주는 실험 결과들이 속속 발표되고 있다.

2021년 4월, 노르웨이의 아이데스빅 오프쇼어Eidesvik Offshore사는 암모니아를 직접 주입하는 2MW급 SOFC 연료전지를 파워트레인으로 하는 장거리 선박을 유럽 13개 기관과 컨소시엄을 이루어 개발하고 있다고 발표했다. 우리나라의 경우에는 대우조선해양이 2021년 1월 SOFC 적용 초대형 원유운반선VLCC 개발을 진행하며 미국선급협회ABS로부터 'SOFC 시스템 VLCC 적용'에 대한 기본 승인을 받기도 했다. 또한 두산퓨얼셀도 싱가포르 기반의 글로벌 선박회사인 나빅 8Navig 8과 협력, 선박용 SOFC 연료전지를 개발하여

5만 톤급 운반선을 대상으로 실증을 진행할 계획이다.

이렇듯 암모니아를 연료로 하는 연료전지는 선박 시장을 중심으로 선제적으로 진행되는 양상이지만, 일본의 경우에는 1kW급의 가정용 암모니아 SOFC를 2017년에 개발하기도 했다. 하지만 2022년 1월 기준, 암모니아 연료전지는 아직까지 시장에 나오지 않고 있는데, 상용화 직전의 개발 단계에 있다고 볼 수 있다.

암모니아는 어떻게 만드나

현재 암모니아는 2부에서 언급한 바와 같이 거의 대부분 수증기 개질을 통해 수소를 만든 후 이를 공기 중의 질소와 함께 반응기에 넣어 하버-보슈법을 이용하여 만든다. 이렇게 만들어진 암모니아는 단위 에너지당 비용 측면에서 상당히 경쟁력이 있다. 1kWh당 암모니아$_{0.19kg에 해당}$는 0.058달러가 드는데, LPG$_{0.079달러}$와 디젤$_{0.083달러}$에 비해 훨씬 저렴하고 벙커유$_{0.055달러}$와도 비슷한 수준이다.

이 가격은 그레이수소 기반의 암모니아 가격이기에 현재 시점의 그린암모니아를 전제로 한다면 비용이 훨씬 커진다. 그린암모니아란 수전해를 이용해서 얻는 수소를 원료로 만들어진 암모니아를 말한다. 하지만 향후 재생에너지 가격이 더욱 낮아지고 수전해역시 본격적으로 도입되면, 그린암모니아도 가격 경쟁력을 갖추어 갈 것이다.

미래에는 하버-보슈법을 이용하지 않고도 암모니아를 만들어 낼 수 있다. 질소 분자$_N$를 촉매로 이용해 직접 전기화학적인 방식으로 질소 원자$_N$를 분리하고, 물$_{H_2O}$에서 분리되어 나온 수소 이온$_{H^+}$과 전자$_e$를 차례로 결합시키는 방식이다. 아직은 연구 단계에 머물러 있기 때문에 본격적으로 상용화되기까지는 꽤 오랜 시간이 걸릴 것으로 보인다.

암모니아 콤플렉스

암모니아는 상당한 독성과 부식성을 가지고 있다. 사람이 흡입하게 되면 입, 식도, 위장 등에 화상을 입고 심할 경우 사망에 이를 수도 있다. 피부에 접촉하면 화상이나 피부염을 초래한다. 눈에 들어가면 실명을 일으킬 수도 있다. 이런 특성 때문에 일부 국가에서는 암모니아를 살상 무기나 사형 집행에 이용했다고도 한다.

또한 암모니아는 아주 미량만 있어도 악취를 풍긴다. 이것이 안전성 측면에서는 이점일 수도 있다. 조금이라도 누출이 발생하면 상당한 악취 때문에 금방 알아차릴 수 있어 장기간 암모니아에 노출되는 상황을 피할 수 있기 때문이다.

여하간 인체에 해가 되는 독성, 부식성, 악취 등의 특성으로 인해 암모니아를 범용 에너지 매개체로 당장 적용하기에는 까다로운 측면이 많다. 각 가정이나 건물, 육상 운송용 등으로 쓰기에는 많은 과제들이 남아 있다고 할 수 있다. 그렇지만 대형 선박, 대규모 발전 시설 등 전문적인 관리가 가능하고, 일반인에게 암모니아가 노출될 가능성이 낮으면서 탄소 배출을 대규모로 줄일 수 있는 영역부터 '암모니아사회'를 추진해 나간다면 충분히 합리적인 시도가 될 것이라고 생각한다.

수소를 둘러싼 이슈:
오해와 진실

수소는 폭탄 아니야?

수소 에너지를 이야기하면 항상 수소의 안전성에 대해 문제를 제기하는 사람들을 만나게 된다. 어떤 이들은 수소 폭탄을 떠올리기도 한다. 하지만 수소 폭탄에 쓰이는 수소는 일반적인 수소와는 다르다. 일반적인 수소 원자 안에는 중성자가 없는데, 수소 폭탄에 쓰이는 수소에는 중성자가 하나 또는 두 개가 들어가 있다. 중수소와 삼중수소라고 불리는 이들 수소는 자연 상태에서 대량으로 만들어 질수 없는 것들이다. 이론적으로 수소를 반응기 안에 넣고 핵폭탄을 여러 번 터트릴 정도의 큰 에너지가 투입되어야만 수소 폭탄을 만들 수 있는 양을 얻을 수 있다. 즉 '수소시대'를 논할 때 언급되는 일반적인 수소는 자연 상태에서 수소 폭탄이 될 가능성이 전혀 없다는 뜻이다. 그렇다면 수소사회에서 쓰여질 수소는 안전한가?

수소가 위험하다는 막연한 우려는 인류 역사에서 발생한 최악의 사고 중 하나와 연관된다. 타이타닉호의 침몰과 함께 자주 거론되는 사건인 1937년 독일 힌덴부르크 비행선의 폭발사고이다. 힌덴부르크호는 길이 245m의 거대한 기구에 수소 기체를 가득 채운 비행선이었는데, 미국 뉴저지 상공에서 폭발하여 승객 97명 중 35명이 사망했다. 이 사고는 '수소=폭발'이라는 개념을 고착시키는데 큰 영향을 끼쳤다. 1997년 미국항공우주국NASA의 에디슨 베인 박사는 당시 비행선의 폭발은 수소 기체의 자체 폭발로 인한 것이 아니라, 정전기 방전으로 알루미늄 비행선 내부의 페인트에서 발화가 시작되었다는 조사 결과를 발표했다.

국내에서도 수소 관련 사고에 대한 기억은 있다. 2019년 5월, 강릉 테크노파크 내의 한 수소 생산 시설에서 수소 탱크가 폭발해서 8명의 사상자를 냈다. 강릉의 수소 폭발 사고는 태양광 에너지를 이용해 물을 수소로 만들어 저장하고 이를 연료전지에 공급해서 전기 에너지를 생산하는 실증 사업 중에 발생했다. 태양광을 이용해 추출된 수소를 저장할 때 산소를 완전히 분리하는 등의 안전 조치를 제대로 취하지 않은 상태에서 실증을 진행하다가 사고가 난 것이었다.

　이 두 사건의 공통점은 가연성이 강한 수소를 안전성을 제대로 확보하지 않은 채 다루다가 생긴 사고라는 것이다. 수소 인프라의 대규모 확장에 있어서 확실한 안정성의 확보가 필수적임을 상기시켜준 사건들임에는 틀림 없지만, 수소가 너무 위험하니 수소사회로의 진행을 재고해봐야 한다는 의미로 확장하는 것은 과도한 해석이다.

　모든 '연료'는 태생적으로 불안정하다. 불안정한 상태에서 안정된 상태로 바뀔 때 뽑아 쓸 수 있는 에너지가 발생하기 때문이다.

[4-8] 2019년 5월 강릉 테크노파크에서 수전해를 통한 수소 생산 후 저장 과정에서 대규모 수소 폭발 사고가 일어나 8명의 사상자가 발생했다. (출처: 한국일보, 2019.11.26)

자연 상태에서 불안정한 상태로 존재하는 것들은 스스로 보다 안정한 상태로 바뀌려고 노력한다. 불안하게 서있는 물체는 조금만 건드려도 넘어짐으로써 안정한 상태로 바뀌려 하는 것이다. 높은 곳에 있는 물은 언제나 낮은 곳으로 떨어지기 마련이고, 화학적으로 불안성한 물질은 다른 성분과 반응해서라도 안정한 물질로 바뀌려고 한다. 우리가 써왔던 모든 연료는 불안정하기 때문에 연료로서 역할을 할 수 있었다. 모든 화석연료는 조그마한 자극에도 주위의 산소와 반응하면서 안정된 생성 물질로 변화했고, 그 과정에서 발생하는 에너지를 우리가 이용했다. 우리는 이 연료와 생성 물질 사이의 화학적 안정성 차이만큼의 에너지를 열이나 기계적인 에너지로 전환해서 써 왔던 것이다. 원래부터 안정적인 물질은 그 자체로 연료가 될 수 없다.

이런 측면에서 수소 역시 위험하지 않다고 할 수는 없다. 수소도 산소가 있는 환경에서 불을 붙이면 격렬히 반응하기 때문이다. 정말 의미가 있는 논의는 수소가 위험한가 여부가 아니라, 지금 우리가 쓰고 있는 다른 연료들에 비해서 수소의 위험이 어떠한가 하는 점이다. 수소가 위험하다는 일반적인 생각과는 다르게 수소는 자연 발화 온도, 독성, 불꽃 온도, 연소 속도 등을 종합적으로 고려했을 때 도시가스보다도 위험도가 낮다.

특히 화학적 폭발이 발생하려면 연료의 누출, 가스 구름의 형성, 발화원의 3요소가 충족되어야 한다. 하지만 수소는 알려진 모든 원소 중에서 가장 가벼운 기체로 공기보다 14배 가벼움 누출이 된다 해도 수직 방향으로 빠르게 확산되어 공기 중에 쉽게 희석되어 버린다. 화학적 폭발에 필요한 요소의 충족이 어려운 것이다. 일부러 완벽히 밀폐된 공간에 밀어 넣지 않는 이상 조그마한 틈이라도 있으면 바로 주변으로 분산되며 날아가 버리기 때문에 대규모 폭발이 발생할 가능성이 낮다. 공기보다 무거워서 실내에 쌓여 큰 폭발을 일으키는 LPG 가스와는 전혀 다른 것이다. 액화수소의 경우도 기름의 유출과 비슷한 수준의 위험도를 가지고 있으며, 빠르게 기화되는 특성을 가지고 있어 오히려 덜 위험한 편이다.

수소는 폭발성 기체인 것은 분명하지만 석유화학, 정유, 반도체, 식품 등 다양한 산업 현장에서 오랫동안 사용해 온 기체로서 이미 안전 관리에 대한 노하우가 축적되어 있다. 수소차의 수소저장용기는 철보다 10배 강한 탄소섬유 강화 플라스틱으로 제조되고 있으며, 에펠탑 무게 7,300톤 도 견딜 수 있는 수준으로 파열, 화염, 충격, 낙하 등 17개 안정성 시험을 통과해야 한다. 또한 긴급 상황이 발생했을 경우를 대비하여 수소 공급 차단 및 대기 방출 장치 등 다양한 안전 장치를 탑재하고 있다. 수소차의 안전 및 보급을 위하여 수소차의 출시는 각국의 국가 공인 인증기관의 안전성 평가를 반드시 거쳐야 하는 것은 물론이다. 따라서 수소가 가연성, 폭발성 기체인 것은 분명한 사실이지만, 수소가 다른 화석연료들에 비하여 특별히 더 위험한 것은 아니며, 적절한 방식으로 관리가 이루어지고 준비가 된다면 얼마든지 안전하게 사용할 수 있다는 점을 알아야 한다.

수소충전소 딜레마

현재까지 주류를 이루고 있는 내연기관 자동차가솔린이나 디젤로 가는 자동차나 새로 부상하는 전기차에 비해 가격 경쟁력과 성능 측면에서 모두 견줄 만한 수소전기차는 유명 자동차 메이커들의 수십 년에 걸친 집중적인 노력에도 시장에 나오지 않은 상태다. 그래서 일반 소비자들은 기존 자동차를 버리고 수소전기차를 선택할 여지가 없었다. 수소충전소 역시 아직은 드물다. 자동차 회사 입장에서는 이러한 상황에서 대규모 투자를 통해 수소전기차의 성능을 개선하고 규모의 경제를 통해 비용을 낮추는 시도를 하기에는 리스크가 너무나 크다. 수소의 중장기적 미래에 대한 확신이 없거나 단기적인 투자 여력이 없는 자동차 회사는 그러한 투자를 당연히 꺼릴 수밖에 없다. 수소충전소 투자자의 입장에서는 수소차 수요를 예측할 수 없어 충전소를 미리 지어 놓기도 어렵다. 수소충전소 하나를 짓는데 20억 원에서 30억 원이라는 큰 자본이 필요하니 더더욱 그렇다.

이러한 상황에서 현대자동차가 선제적이고 집중적인 투자로 비교적 많은 수소차를 생산해 내고 있다. 한국자동차산업협회KAMA에 따르면 2021년 4월 현재 전 세계 수소연료전지 차량은 37,400대인데 우리나라가 12,439대, 미국 10,068대, 중국 7,227대, 일본 5,185대, 독일 738대, 유럽 및 기타 1,743대이다.

우리나라의 수소차가 전 세계 수소차의 33%를 차지한다. 하지만 수소차를 원활하게 운행시킬 수 있는 충전 인프라는 여전히 열악하다. 2021년 8월 기준 수소 충전기가 70개 밖에 없어, 1기당 180대의 수소차를 담당해야 한다. 요즘 급격히 수요가 늘고 있는 전기차 충전 인프라와 비교하면 수소차 충전 인프라 부족은 더욱 두드러진다. 2021년 현재, 대한민국의 배터리 전기차 보급 대수는 14만 7천여 대, 충전기 수는 6만 7천 기로 충전기 1기당 전기차 2.2대이다. 이런 현실을 고려해서 정부는 수소차를 위한 충전기를 2022년 310기, 2025년 450기까지 급속히 늘릴 계획을 갖고 있다.

수소 에너지가 급격히 부상하면서 국내뿐 아니라 해외도 충전소 구축에 적극적으로 나서고 있다. 유럽연합EU 집행위원회가 2021년 7월 14일 발표한 기후 변화 대응을 위한 입법 패키지인 'Fit for 55'에 따르면 2030년까지 주요 고속도로의 150km구간마다 수소충전소 설치를 강제하도록 했고, 미국은 2030년까지 수소충전소 4,300 개, 일본은 같은 기간 900개 구축을 추진 중이다.

연료전지는 너무 비싸다던데 희망이 있나

수소시회를 훨쩍 열기 위한 내선제는 깨끗한 수소의 생산과 수소를 이용한 전기의 생성을 원하는 대로 할 수 있어야 한다. 즉 가격 경쟁력이 있고 내구성 있는 수전해 기술과 연료전지 기술이 충분히 성숙해 있어야 한다. 연료전지는 1960년대에 이미 우주선의 전력원으로 적용되었고, 90년대 이후 수십 년간 집중적으로 연구, 개발이 이루어져 왔다. 관건은 이 시스템을 얼마나 값싸게 대량으로 만들어 낼 수 있느냐 하는 것이다. 고분자 전해질 연료전지PEMFC로 대표되는 저온 연료전지의 경우에는 자동차와 비상 전력 등의 주요한 시장에 진출할 수 있는 충분한 성능과 대량 생산 능력을 확보하고 있다. 이미 현대와 토요타는 수소전기차를 성공적으로 상용화했고 스케일업을 위한 준비도 되어 있다.

연료전지 시스템에 드는 비용의 절반 정도는 연료전지 스택을 만드는 데 들어간다. 수소전기차의 상용화를 염두에 둔 개발 초기에는 촉매로 사용되는 백금에 들어가는 비용이 스택 비용의 상당 부분을 차지했지만, 기술의 진전으로 훨씬 적은 양의 백금으로도 더 좋은 성능을 내게 되었고, 이로 인해 백금이 연료전지 시스템에서 차지하는 비중은 크게 줄어들었다. 이제는 분리판에 들어가는 스테인리스, 티타늄 등의 재료와 공정이 훨씬 더 많은 비용을 차지하고 있다. 최근에는 값싸고 매장량도 많은 금속이나 탄소 소재를 백금의 대체 물질로 적용하는 연구도 활발하게 진행되고 있기에, 촉매에 들어가는 비용은 앞으로 더욱 줄어들 전망이다.

연료전지 스택 안에는 소량이 들어가는 백금 외에 단가가 비싸거나 자원이 한정되어 있는 원료가 없다. 게다가 연료전지는 수소와 산소의 빠른 전기화학적 반응만 수행하면 되기 때문에 전극이 두꺼울 필요가 없어서 보통 얇은 막으로 이루어져 있다. 반면 배터리의 경우는 전기화학적 에너지를 전극 내에 저장까지 해야 하기 때문에 상당한 양의 금속 원료가 소요된다. 실제로 최근 전기차에 대한 수요 증가로 인해 2021년 중순부터 니켈, 코발트, 리튬 등 배터리 주원료의 가격이 급등하고 있는데, 이런 추세는 상당 기간 진행될 것이라고 한다. 이런 측면에서 연료전지가 배터리에 비해서 원가 절감의 잠재력이 크다고 할 수 있고, 본격적인 상업화에 들어선 연료전지는 앞으로 대량 생산과 함께 가격 경쟁력을 빠르게 갖출 수 있을 것으로 보인다.

이렇게 연료전지는 수십 년에 걸친 집중적인 연구 개발을 통해 충분한 성능을 낼 수 있게 되었고 이제는 원가 절감을 이루어가는 과정이 남았을 뿐이다. 다만 상업용 트럭이나 발전소용 연료전지 등 현재보다 더 큰 내구성을 요구하는 시장에서까지 경쟁력을 갖추기 위해서는 좀 더 많은 시간이 걸릴듯하다. 고체산화물 연료전지SOFC로 대표되는 고온 연료전지의 경우도 고분자 전해질 연료전지에 비해서는 기술적인 성숙도가 비교적 낮지만, 현재까지 기술개발의 초점이었던 성능이를테면, 단위 면적 또는 부피 당 전력량의 크기 측면에서의 성능에 대한 개선이 상당히 이루어졌고, 최근에는 연료전지의 내구성을 확보하는 과제에 더 많은 노력을 기울이고 있다.

수전해는 연료전지의 반응을 역으로 진행하는 장치이기 때문에, 실제로 수전해 셀셀에 들어가는 재료와 부품은 연료전지의 그것들과 상당 부분 비슷하다. 연료전지와 마찬가지로 수전해의 전극도 두꺼울 필요가 없기에 원가 절감의 여지가 크다. 하지만 전극에 가해지는 전압과 셀 주변 기체 환경 등이 연료전지와는 다르기 때문에 얼핏 비슷해 보이는 재료라고 하더라도 재료에 요구되는 스펙은 상당히 다르다. 따라서 연료전지를 만들기 위한 공정 노하우는 대부분 그대로 수전해에도 유용하게 쓸 수 있겠지만, 수전해에 최적화된 재료의 특성을 찾아내고 구현하기 위해서는 별도의 노력과 시간이 들어간다.

지난 수십 년간 연료전지에 비해서는 덜하지만 수전해에 대해서도 많은 연구가 진행되어 왔다. 현재는 유럽과 미국이 수전해 연구를 주도한다고 할 수 있다. 수전해가 재생에너지 사회에서 진정한 의미를 가지려면 수전해의 전원을 직접 풍력이나 태양광에서 가져와서 수소를 생산해야 하는데, 지금까지 전 세계 수전해 연구는 대부분 안정적인 계통 전력을 이용해서 진행해 왔다. 변동성이 크고 간헐적인 재생에너지에 직접 맞닿은 수전해는 내구성을 확보하기가 상당히 까다로운데, 이에 대해 많은 연구가 집중적으로 진행되고 있어 그리 멀지 않은 시간 내에 해결이 될 수 있을 것으로 기대된다.

ESS가 있는데 왜 수소가 필요해?

태양광의 보급이 확대되면서 많은 이들이 에너지저장 장치ESS의 필요성을 인지하고 있다. 앞으로 본격적으로 재생에너지가 확대되면 될수록 비례해서 전체 전력 계통에도 큰 전력 저장 장치가 필요하다. 그 전력 저장도 대규모 배터리로 하면 되지 않을까? 요즈음 여러 곳의 기가팩토리에서 배터리를 대량으로 만들어내고 있다는데, 꼭 수소로 전력 저장을 할 필요가 있을까?

안정적인 재생에너지 사회에 이르기 위해 어느 정도 용량의 에너지 저장 장치가 필요한지에 대해서도 의견이 분분하지만, 궁극적으로 재생에너지에서 생산되는 월간 평균 전력량의 최소 10% 가량은 저장될 수 있어야 할 것으로 생각된다. 재생에너지의 국가 간, 계절 간 수요 공급의 불균형을 해소해 주기 위해서 적어도 이 정도의 의미 있는 규모의 전력 저장은 필요할 것이다. 2020년 기준, 전 세계적으로 월평균 2,250TWh의 전기에너지가 생산되었는데, 추후 이것의 10%에 해당하는 에너지를 저장하기 위해 리튬 이온 전지 기반의 ESS를 구축한다면, 47.5조 달러라는 천문학적인 자본이 들게 된다. 이 계산을 위해 2021년 미국 국립재생에너지연구소[NREL]의 보고서에서 밝힌 2050년 예상 비용인 1kWh당 211달러[87~248달러]를 가정하였다.

리튬 이온 전지보다 훨씬 저렴하고 안정적인 ESS용 이차전지가 추후 개발될 수도 있겠지만, 아직은 그러한 대안들이 대규모로 구축되기에는 기술의 성숙도나 관련 산업과의 연계성 등을 살펴볼 때 요원한 일이라고 할 수 있다.

이제 수소로 에너지를 저장하기 위한 수전해의 설치 비용을 살펴보자. 2050년이 되면 수전해 kW당 약 200달러[130~307달러] 정도가 소요될 것으로 전망되는데, 이를 기준으로 계산해 보면 전 세계 누적 발전 설비 용량[2019년 기준 7.3 TW]의 10%를 모두 수전해 설비로 설치한다고 해도 1,460억 달러 정도면 된다. 배터리에 비해 수백 배 저렴한 방식이다.

비용뿐만 아니라, 에너지의 이동 측면에서도 수소는 배터리보다 훨씬 유리하다. 가정용이나 건물용 태양광으로부터 저장된 에너지는 기존 송전망을 통해 이동시키면 되지만, 대규모로 저장된 에너지는 필요에 따라 해외 등으로 원거리 이송이 필요하다. 이 에너지의 전송을 배터리로 하기엔 너무 무겁다. 배터리 중 가장 에너지 밀도가 높다는 리튬 이온 배터리도 대량으로 이송하기에는 너무 무겁다. 같은 양의 에너지를 가지고 있는 리튬 이온 배터리와 수소를 비교하면, 배터리가 100배 이상 무겁고, 좀 더 공평한 비교를 위해 수소를 담고 있는 압축수소 용기의 무게까지 고려하더라도 배터리가 적어도 5배는 무겁다. 대량 운송을 위해 수소를 액화하거나 암모니아 등의 연료로 전환하게 되면 연료 무게 대비 용기의 무게는 훨씬 더 줄어들고, 무게와 관련된 수소의 비교 우위는 더욱 두드러진다.

수소전기차 생산을 멈춰라?

2021년 국제 환경 보호 단체인 그린피스Greenpeace는 현대차와 같은 몇몇 기업들이 적극적으로 추구하고 있는 수소사회 비전이 근본적인 문제를 가지고 있다고 비판하고, 한발 더 나아가서 기후 변화 문제에 효과적으로 대응하기 위해서 아예 수소전기차 추진을 전면적으로 멈추고 전기차에만 집중해야 한다고 주장했다.

주장의 근거는 우선 현재 거의 대부분의 수소가 천연가스 개질을 통해 얻어지는 그레이수소이기 때문에 근본적으로 깨끗하지 않고, 단기적으로 탄소 포집을 통한 블루수소를 적극 활용한다고 해도 탄소 배출 저감 효과가 크지 않다는 것이다. 이는 블루수소를 생산할 때 탄소 배출이 제로가 될 것이라는 믿음과는 달리 그레이수소에 비해 온실효과 저감이 실제로는 10% 정도밖에 되지 않는다는 최근 논문Joule, 2020에 근거한다.

그린피스의 주장은 2021년 현재 상황을 고려할 때 충분히 일리가 있는 지적이다. 수소전기차 자체는 온실가스를 배출하지 않지만, 수소를 만드는 과정 자체가 적어도 현재는 깨끗하지 않기 때문이다. 하지만, 미국, 유럽, 호주 등 많은 국가가 그린수소의 경제적인 생산을 목표로 하고 있고, 미국의 경우 '1 1 1' 프로젝트1 decade(10년) 이내에 1kg당 1달러를 통해 2030년까지 1kg당 1달러 미만의 가격으로 그린수소 생산을 추진하고 있다. 앞으로 화석연료 기반의 수소에 비해 재생에너지 기반의 수소가 더 저렴해지게 되면 이 문제는 자연히 해결될 것이다.

수소 생산 과정의 탄소 배출보다 더 근본적인 문제로 지적된 것은 전체적인 시스템의 에너지 효율이라고 볼 수 있다. 그린수소는 전기 에너지를 이용해서 생산되는데, 그렇게 생산된 수소를 다시 전기로 바꾸어 자동차를 구동하는 게 수소전기차의 구동 원리다.

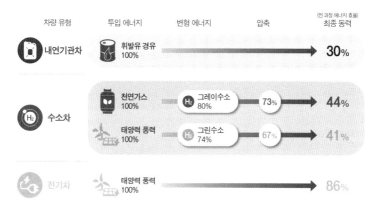

[4-9] 수소차는 전기차에 비해 에너지 전환 효율이 낮다. (출처: 영국 기후 변화위원회, "저탄소 경제에서 수소의 역할", 그린피스 제공)

전기로 수소를 만드는 수전해 효율을 70%, 수소를 다시 전기로 바꾸는 연료전지 효율을 60%로 어림잡는다면, 전기에서 수소로, 수소에서 다시 전기로 만드는 과정에서 대략 58%에 가까운 에너지를 잃게 된다 $^{1-0.7 \times 0.6 = 0.58}$. 반면, 배터리의 경우에는 외부 전기로 충전하고 다시 전기를 만들어내며 방전하는 과정에서 10% 정도만 에너지를 잃게 되니, 결국 전기 에너지를 배터리에 저장했다가 바로 이용하는 전기차가 태생적으로 훨씬 더 효율적일 수밖에 없다[4-9]. 따라서 생산된 전력을 효율적으로 쓰고, 나아가 환경을 보호하기 위해서는 수소전기차를 만들면 안된다는 주장인 것이다.

하지만 시스템의 에너지 효율만으로 논의하는 것은 지엽적일 수 있다. 앞서 논의한 것처럼, 수소는 쓰여지지 않으면 버려졌을 잉여 전력을 대량으로 저장할 수 있는 매개체이자, 대규모의 미래 에너지를 장기간 저장하거나 국가 간 이송을 가능하게 할 중요한 매개체이다. 또한 수소는 이미 여러 화학 공정에서 사용되고 있을 뿐만 아니라 미래에는 환원제철과 합성 연료 제조 등의 새로운 영역에도 대규모로 사용됨으로써 전 지구적인 탄소 저감에 큰 공헌을 할 수 있다.

수송용 시장에 한정해서 볼 때에도 수소전기차는 꼭 필요하다. 효율뿐만 아니라 연료 가격, 충전 편리성, 항속 거리 등도 소비 선택에서 중요한 요소이다. 재생에너지가 빈약한 지역에서는 직접 생산한 전기에 비해 해외에서 수입한 수소를 이용해 연료전지로 발전한 전기가 가격 측면에서 오히려 더 저렴할 수 있다. 게다가 수소는 충전이 신속하고, 대형 차량에서도 긴 항속 거리를 확보할 수 있는 등 다양한 소비자의 요구를 만족시키는 여러가지 중요한 요소들도 가지고 있기에 전기차가 커버하지 못하는 영역을 수소전기차가 메울 수 있다. 배터리의 사용 용량이 급격히 줄어드는 아주 추운 지역에서도 수소전기차가 훌륭한 보완재로서 역할을 할 것이다. 이러한 보완재를 우리가 필요한 시기에 제대로 공급받기 위해서는 지금부터 꾸준히 기술 개발을 진행하고 산업 저변을 넓혀나가야 한다.

전력망 안정성: 들쭉날쭉한 전력 생산을 버틸 수 있나

2020년 여름, 미국 캘리포니아에서는 폭염으로 인한 대규모 정전 사태를 피하기 위해서, 지역별로 시간을 정해서 전력을 끊는 '순환 정전'을 20년 만에 실시했다. 이 상황에 대해서 많은 이들이 캘리포니아가 풍력과 태양광 발전을 급격하게 늘리는 대신 화력, 원자력 발전을 줄여서 이러한 순간적인 전력난에 대한 대처 능력이 부실해졌다고 지적한다. 안정적인 전력을 지속적으로 제공할 수 있는 화력, 원자력과는 다르게 풍력이나 태양광은 같은 생산 능력을 갖고 있다고 하더라도 근본적으로 같은 수준의 전력을 안정적으로 제공할 수는 없다. 재생에너지를 통한 전력 생산량은 날씨나 기후에 따라 크게 달라지기 때문이다.

 전력이 순간적으로 부족해질 때도 문제이지만, 반대로 전력이 너무 많이 남아도는 상황도 문제가 된다. 최근 영국에서는 코로나 19 사태로 전력 수요가 감소한 반면 화창한 날씨가 지속되어 신재생에너지 생산은 증가하면서 대규모 정전이 발생했다. 전력 수요에 비해 공급이 많아지는 경우 전력망의 주파수가 상승하게 되는데, 공급 초과분이 지나치게 커지게 되면 이렇게 정전을 야기하기도 한다.

우리나라에서도 태양광 발전 비중이 늘어나면서 최근 비슷한 위기를 겪기도 했다. 2020년 2월 예상하지 못한 일사량 증가로 태양광 전기 공급량이 급증하면서 공급의 초과분이 위험 수준까지 치솟았다. 당시 중앙전력관제센터 실무 책임자는 한 전기학회 학술토론회에서 "전력 수요가 갑자기 빠져 발전기를 정지시켜야 하는데 그게 쉽지 않아 양수 발전소 펌프질을 통해 겨우 넘어갔다. 당시 하향 예비력이 100MW에 불과해 수요가 좀더 감소했다면 어떤 일이 벌어졌을 지 상상만 해도 끔찍하다"라고 회상했다. 앞으로 신재생에너지의 증가와 보조를 맞추어서 규모 있는 수소 기반의 전력 저장 설비를 확충해 나가는 것이 유동성 있는 전력 수급 대응에도 꼭 필요하다고 하겠다.

이와 관련해서 최근 탈원전을 놓고도 많은 논의가 이뤄지고 있다. 2011년 후쿠시마 원전 사고를 겪으면서 일본뿐 아니라 우리나라, 대만 등 아시아 국가들과 독일, 스위스 등 유럽 국가 등이 탈원전을 추진하기 시작했다. 석탄, 가스를 이용한 발전량을 줄이는 반면 풍력, 태양광을 중심으로 한 재생에너지를 급속히 늘렸다. 그 결과 전력망이 불안정해지게 되었다. 이런 이유로 일본, 대만 등은 탈원전의 추진을 폐기하기에 이른다.

독일의 경우에는 탈원전을 하면서 재생에너지 비율을 크게 늘려

2020년 전력 소비 중 재생에너지의 비중이 무려 46.2%에 이른다. 이제는 여기서 나오는 많은 전력을 수출하고 있는데, 기존의 전기 수입국에서 재생에너지 전기의 수출국으로 변모하면서 롤모델로 많이 언급되기도 한다.

하지만 그 이면에는 그리 이상적이지 않은 상황이 전개되고 있다. 전기 수출가가 원가에도 미치지 못하고, 또 전기 수요에 비해서 너무 많은 풍력, 태양광 전기가 만들어질 때에는 이를 급하게 인근 나라로 덤핑가로 수출하고 있다는 것이다. 어떨 때는 돈을 받는 것이 아니라 오히려 돈을 내고 전기를 내보내기도 한다.

이 모두가 재생에너지 기반의 전력 생산이 시간에 따라 너무나 들쭉날쭉한 특성, 즉 전력 생산의 극심한 변동성 때문이다. 이 변동성으로 인해 재생에너지 확충이 역설적으로 화석연료 발전량을 오히려 늘리는 결과를 낳고 있다. 극도로 변동성이 심한 전력의 대량 생산 때문에 전력망이 불안해지는 것을 막기 위해 화석연료 전력으로 중간중간 메꾸어 주는 것이 필요했고, 이는 화석연료 발전량을 오히려 25%나 증가시켰다.

그나마 독일은 우리나라보다는 사정이 낫다. 전력망이 유럽의 주변 국가들과 잘 연결되어 있기 때문이다. 독일과 달리 우리나라의 전력망은 고립되어 있다. 만일 우리나라에서 재생에너지 비율만 급속히 늘리게 된다면 재생에너지에서 나오는 발전량의 큰 변동성을 흡수할 수 있는 버퍼buffer가 없어서 전력망의 안정화를 도모하기가 더욱 어려워진다.

재생에너지를 늘려가면서도 안정적으로 전력망을 운영해 나가기 위해서는 중단기적으로 원자력을 지렛대 삼는 방법도 고민해 보아야 할 문제이다. 적어도 그린수소가 충분히 공급되어서 전력망 안정을 위한 버퍼 역할을 할 수 있기 전까지는 말이다. 후쿠시마에서와 같은 예측하지 못했던 사고만 없다면 원자력은 온실가스의 배출 없이 대규모의 안정적인 전력 생산이 가능한 방법이기 때문이다. 파티 비롤 국제에너지기구IEA 사무총장은 2020년 9월 서울에서 열린 세계지식포럼에서 우리나라에서 추진되고 있는 탈원전 정책이 에너지 안보 측면에서 어떤 의미가 있는지, 원전을 어떤 기술로 대체할 것인지 생각해 보아야 한다고 조언하기도 했다.

물의 공급: 수소사회로 가는 또 다른 병목?

재생에너지 사회에서 수소는 궁극적으로 수전해를 통해 만들어진다. 그리고 수전해로 수소를 만들기 위해서는 깨끗한 물과 전기가 필요하다. 본격적인 수소사회로 들어서려면 실로 막대한 양의 정제된 물이 확보되어야만 하는데, 앞으로 이것이 가능할지에 대한 문제 의식도 존재해 왔다.

지표면의 70%가 물로 덮여 있지만 그중 대부분은 바닷물이다.

우리가 산업과 생활에 이용할 수 있는 담수는 2.5%에도 미치지 못하는데, 그나마도 담수의 80%는 빙하, 만년설 등으로 사람의 손길이 쉽게 닿지 않는 곳에 얼어 있고, 나머지 담수의 대부분은 지하수이다. 그렇기에 지금도 지구촌 곳곳에선 물부족을 호소하고 있는 실정이다. 인구 증가와 지속적인 산업화로 인해 물에 대한 수요는 계속 늘어나는 반면, 기후 변화와 수질 오염으로 인해 물 부족 현상은 오히려 심화되고 있다. UN의 예측에 따르면 2050년에 이르면 세계 인구의 절반이 물 부족의 위험에 처해질 것이라고 한다.

따라서 앞으로 수소경제가 본격화되기 위해서는 이미 부족한 담수에 의지해서는 안된다. 무한한 수자원인 바닷물로 눈을 돌려야 한다. 제대로 된 수소경제를 이루기 위해서는 싸고 효율적인 담수화 수처리 기술도 함께 성숙되어야만 한다는 뜻이다. 담수화란 바닷물이나 강 하구에 있는 물에서 염분과 미네랄 등을 제거해서 생활, 관개, 산업용 등에 적합한 담수로 바꾸는 것을 말한다.

수소 1톤을 생산하는데 9톤의 정제수(물에 함유되어 있는 용해된 이온, 고체 입자, 미생물, 유기물 및 용해된 기체류 등 모든 불순물을 제거한 물)가 들고, 1톤의 정제수를 얻으려면 2톤의 담수가 소요된다고 하니, 수소 1톤당 18톤의 담수가 필요하다고 할 수 있다. 정제 과정의 손실까지 고려하면 수소 1톤을 만들기 위해서는 약 20톤의 물이 필요한 것이다. 수소위원회와 블룸버그 NEF 등에 따르면 2050년 전 세계 수소 수요가 연간 6억 톤 규모에 이를 것이라고 히는데, 그 수소 수요를 맞추기 위해서는 연간 120억 톤의 물이 필요하게 된다. 담수화 방식 중 점차 각광받고 있는 역삼투압 방식을 이용할 경우_{2021년 기준 톤당 약 3kWh의 전력량이 필요}, 2050년 예측 수요를 충족하기 위해서는 약 3.6TWh의 전력이 필요하다는 이야기이다. 이는 2050년 전체 전력 생산량_{47,000 TWh}의 약 0.0075%에 해당한다. 즉 담수화에 들어가는 전력량이 우려할 만큼 크지는 않다는 뜻이다.

그렇다면 경제성 측면에서는 어떠할까? 2000년 경에 건설된 해수 담수화 플랜트의 물 생산 단가는 1톤당 10달러가 넘었으나, 소위 역삼투압 방식을 사용하면 2020년 기준 0.5달러 수준으로 내려갈 수 있다. 1kg의 수소 생산에 필요한 물_{20kg}을 얻는데 0.01달러면 된다는 뜻이다. 향후 목표로 하는 그린수소 생산 비용이 수소 1kg당 1~2달러 정도라고 한다면 담수 확보에 드는 비용은 미미한 수준이 된다. 게다가 담수화 기술은 나날이 발전하고 있어서 이 비용도 더욱 줄어들 가능성이 크다. 따라서 담수화에 드는 에너지 소비량이나 비용 측면에서는 담수의 확보 자체가 수소경제로 나아가는 데 있어 심각한 병목_{bottleneck}이 될 것 같지는 않다.

하지만, 대규모의 태양광 시설 등을 통해 값싼 전력을 대량 생산하기 위해서는 인적이 드물고 햇빛이 강한 사막과 같은 곳이 적합한데, 이런 지역의 대부분은 담수를 공급받기가 만만치 않다. 따라서 값싼 수소의 생산을 위해서는 담수의 대량 공급을 위한 인프라 구축 비용이 크지 않은 지역, 이를테면 바다와 인접한 사막 지대나 해상풍력 단지와 같은 곳이 우선적으로 고려될 것으로 보인다.

4장

수소 산업:
국가적 지원과 플레이어들

주요 국가들의 수소 지원

미국

미국은 바이든 정부의 강력한 기후 위기 대응 의지 하에, 2021년 6월 경제적인 비용으로 청정에너지를 보급하기 위한 기술투자 로드맵으로서 '에너지 어스샷Energy Earthshots Initiative'을 발표했다. 이 중 첫 번째 추진 항목으로 '수소 샷Hydrogen shot'이 선언되었는데, 이에 따르면 그린수소 생산 비용을 2030년까지 kg당 1달러로 낮춰 현재 수소 생산 비용의 약 80%까지 절감하는 것을 목표로 한다. 미국 정부는 전기를 이용한 그린수소뿐만 아니라 원자력, 석탄, 천연가스 등 다른 에너지원을 이용한 수소 생산까지 전방위적으로 지원할 계획이다. 석탄 및 천연가스를 이용할 경우에는 당연히 탄소 포집을 전제하고 있다. 단기적으로는 80억 달러를 들여 수소 가격을 2026년까지 2달러로 낮춘다는 계획이다.

이러한 정부의 추진을 통해 2030년까지 70만 개의 신규 일자리가 수소 관련 사업에서 창출되고 120만 대의 연료전지 전기자동차가 판매되며, 미국 전역에 4,300개의 수소충전소가 생길 것으로 예상한다. 2050년까지는 340만 개의 누적 신규 일자리가 창출되고, 전체 에너지 수요의 14%가 수소로 충족될 것으로 전망되고 있다.

유럽

유럽은 장기적인 관점에서 상당히 포괄적이고 공격적으로 수소 정책을 수립해 나가고 있다. 수소의 특정한 가치사슬value chain의 확장에 중점을 두기보다 진정한 수소사회의 실현을 위한 청사진을 만든다는 느낌이 강하게 든다.

우선 수소사회를 활짝 열기 위해 가장 중요하다고 볼 수 있는 그린수소의 생산에 대해서 가장 많은 드라이브를 걸고 있고, 실제로도 가장 앞선 기술을 보유하고 있다. 미국이 블루수소까지 포함해서 지원하는 것에 비해, 유럽은 그린수소에 중점을 두는 점이 사뭇 다르다. 그리고 소위 '섹터 커플링'의 개념을 가지고 수소를 다양한 영역의 에너지원으로 직접 이용할 뿐만 아니라 합성 연료의 원료나 산업 공정의 반응물로 적극 활용해서 직접 수소를 소비하지 못하는 영역에까지 포괄적이고 광범위하게 사용하는 그림을 그리고 있다.

유럽 수소 전략의 첨병 역할을 자처하는 독일은 2020년 '국가 수소 전략National hydrogen strategy'을 세우고, 그린수소를 통해 탄소중립을 이루려는 노력을 하고 있다. 다른 많은 국가들과 마찬가지로 2050년까지 탄소중립 달성을 목표로 하는데, 독일 정부는 수소를 이 목표의 핵심 요소로 판단하고 있다. 현재 재생에너지의 비중이 전체 전력의 20%에 육박해 있고, 2030년까지 30% 달성을 목표로 하고 있다. 하지만 2030년에 약 100TWh에 해당하는 예상 수소 수요에 한참 못 미치는 14TWh 정도만 자급할 수 있을 것이라는 전망 아래, 현재 그린수소를 값싸게 공급할 수 있을 것이라고 생각되는 여러 국가들과 함께 적극적으로 파트너십을 모색하고 있다. 수소 사용 부문에서도 2030년까지 수소충전소 1,000기, 수소전기차 180만 대 보급을 추진하고 있다.

일본

일본은 수소 산업을 미래의 국가 기간산업으로 인식하고, 일찍부터 꾸준히 수소 산업을 육성해 오고 있다. 특히 2017년 발표된 '수소기본전략' 하에서 연료전지 보급, 청정수소 생산 시스템 확립 등 수소경제로의 전환을 위한 산업 전 분야에서의 발전 전략을 세워 두고 있다.

우선 소위 '글로벌 가치사슬Global Value Chain' 구축에 상당히 적극 적인데, 호주, 브루나이, 러시아 등과 수소 공급원 다각화 차원에서 협력과 실증을 진행하고 있다. 지난 2015년부터 호주에서 갈탄으 로 만든 수소를 액화해서 일본 고베시까지 대량 수송하는 세계 최 초의 수소 해외 수송 실증 프로젝트를 진행 중이다. 이를 위해 8천 톤급 액화수소 운반선을 건조했고, 고베시에는 액화수소 기지를 만들었다. 또한 일본은 브루나이에서 생산된 수소를 톨루엔 기반 의 액상 유기수소 운반체LOHC에 저장해서 컨테이너선으로 운송하 는 프로젝트를 세계 최초로 실증했다. 일본은 액화수소와 LOHC뿐 만 아니라 최근에는 수소를 암모니아로 변환해서 수송하는 프로젝 트도 적극적으로 추진하고 있다고 알려져 있다.

수소를 해외에서 수입하기 위한 전략과 함께 국내 수소 생산도 동시에 추진한다. 2050년까지는 현재 화력발전의 단가 이하로 수 소를 생산한다는 목표를 가지고, 신에너지산업기술종합개발기구 NEDO와 기업들이 협력하여 그린수소 상용화를 위한 연구를 후쿠시 마현에서 진행하고 있다. 이와 더불어, 재생에너지 자원 중 일본 내 에서 풍부하다고 평가받는 해양 풍력을 활용한 수소 생산에도 노력을 기울이고 있다.

일본은 우리나라와 함께 수소자동차의 보급에도 가장 적극적인 국가라고 할 수 있다. 국가 로드맵에서 '수소 타운' 구축을 계획하고, 도심지에서도 수소 인프라를 늘리기 위해 적극적으로 지원하고 있다. 현재 부족한 수소충전소를 2030년까지 1,000기로 늘리려는 계획도 세웠다.

중국

세계 최대의 온실가스 배출국이자 '세계의 공장'이라 불리는 중국도 탄소중립 선언 대열에 동참했다. 다만 대부분의 나라들이 2050년을 목표로 설정한데 반해, 중국은 2060년까지 실현하겠다고 선언했다. 중국의 중앙 정부는 장기 목표로서 2036년에서 2050년 사이에 최종 소비 에너지의 10%를 수소로 충당할 계획이다. 중국 정부는 2019년 이전에는 수소 에너지와 관련해서 구체적인 계획을 내놓은 적이 없다가 2021년에 이르러서야 수소 산업을 국가 핵심 사업으로 설정하고 집중적인 지원을 하겠다는 의지를 내보이고 있다. 2021년 초에는 2030년까지 수소차 100만 대와 수소충전소 1,000기를 보급할 계획을 발표했다.

이와 더불어 각 지방 정부 차원에서도 수소 인프라 구축과 수소 전기차 보급에 대한 계획들을 내놓고 있다. 베이징시는 수소 관련 산업 클러스터를 조성하고, 상하이시는 수소차와 충전소를 2023년까지 3년 만에 각각 10배 가량 늘려 수소차 1만 대를 생산하고 충전소는 100개소를 만들겠다는 계획을 내놓는 등 최근 들어 중앙 정부와 지방 정부 모두 급속한 수소 부흥 정책을 추진 중이다.

한국

우리나라 정부도 상당히 적극적으로 수소 산업을 추진하려는 노력을 보이고 있다. 2019년 1월 수소경제 로드맵을 발표했을 뿐만 아니라, 수소 산업의 본격적이고 체계적인 기반 조성을 위해서는 법적 근거가 필요한데, 이를 위해 2020년 세계 최초로 소위 수소법수소경제 육성 및 수소안전관리에 관한 법률을 제정하고 2021년 공포했다. 말하자면 산업의 성장을 위한 탄탄한 도로가 만들어진 셈이다.

우리나라는 수소의 생산, 저장, 운송, 활용 등의 가치사슬 중 지금까지 수소전기차, 수소 연료전지 발전소 등 활용 부분에 집중적인 지원과 발전을 이루어 왔다. 하지만 아이러니하게도 수소전기차를 널리 보급하는 데 필수적인 수소충전소는 아직 너무 부족한 상황이다. 전국적으로 2021년 중순까지 누적 100기 정도밖에 설치되지 않았고, 그나마 설치된 충전기들도 이런저런 고장에 시달리고 있는 것으로 알려져 있다.

하지만 2021년 4월 기준 환경부의 '수소충전소 전략적 배치 계획'

에 따르면 우선 2022년까지 수소차의 장거리 운행에 지장이 없도록 고속도로 휴게소에만 60기를 추가적으로 설치하고, 전국적으로는 2025년까지 450기를 시군구에 골고루 설치하겠다는 계획을 추진하고 있다. 버스, 화물차 등 사업용 차량의 수소차 전환 촉진을 유도하기 위해서 대용량의 수소충전소 역시 늘려갈 예정이다.

수소경제 로드맵에 따르면 당연하게도 앞으로 연료전지 기반의 활용 측면의 대폭적인 확대뿐만 아니라, 그린수소로의 패러다임 전환, 수소 저장, 운송 인프라 확충 등 수소 전 주기에 걸친 생태계 조성에 힘을 실을 계획이다. 더불어 해외로부터의 수소 공급 및 해외로의 수소 제품 및 서비스의 수출 활성화를 위해서 호주, 러시아 등과의 협업 추진도 늘려가고 있다.

2021년 11월에는 더 나아가 수소경제 이행 기본 계획 등 본격적으로 그린수소나 블루수소로의 대전환을 위한 청사진을 제시했다. 2050년 2,790만 톤에 이를 수소의 100%를 이들 청정수소로 공급하고, 버스, 선박, 드론 등 수소 모빌리티를 다양화하며, 철강, 화학 등 산업 공정 원료를 수소로 대체하는 등의 계획을 골자로 한다. 또한 2025년까지 모든 주요 도시 내에서 20분 이내에 수소충전소에 접근 가능하도록 하고, 2040년까지 수소 생산, 물류, 소비 인프라를 갖춘 14개 수소 항만을 구축한다는 계획도 포함되어 있다.

수소시대를 준비하는 플레이어들

수소사회로의 긴 마라톤 경기가 막 시작됐다. 2050년이면 연간 12조 달러[1경 4천조 원 가량, 골드만삭스 추산]에 달할 것으로 예상되는 수소 시장의 선점을 위해 많은 기업들이 분주히 움직이고 있다. 앞으로 탄소제로 사회가 오면 지금까지의 대형 석유, 가스 회사를 대체할 소위 새로운 빅 플레이어들이 나타날 것은 자명하다. 더구나 이렇게 급변하는 정책적, 경제적 환경에서는 그러한 빅 플레이어들의 대두가 생각보다 빨리 일어날 가능성이 크다. 기존의 큰 회사들이 재빠르게 사업 영역을 수소 쪽으로 확장하고 있으며 많은 신생 업체들도 뛰어들고 있다. 현재 어떤 회사가 주목을 받고 있는지를 살펴보면 앞으로 재편될 산업의 방향성에 대해 힌트를 얻을 수 있을 것이다.

수소 생산 관련 플레이어들

그린수소 생산을 위해 가장 널리 쓰일 수전해 방식 중 기술적으로 성숙한 단계에 있으면서 또한 상용화 단계까지 도달한 방식은 알칼리 수전해와 고분자 전해질 수전해라고 할 수 있다. 대체로 2015년 이전까지는 알칼리 수전해가 많이 설치되어 온 반면, 그 이후에는 고분자 수전해가 점차 많이 설치되고 있다. 그린수소 생산에 있어서는 미국, 유럽, 일본이 기술 수준이나 상용화 진척 측면에서 가장 앞서 있고, 우리나라는 상대적으로 뒤쳐져 있다고 할 수 있다.

   알칼리 수전해를 생산하는 대표적인 기업으로는 일본의 아사이카세이, 노르웨이의 넬Nel ASA 정도를 꼽을 수 있고, 그중 아사이카세이는 일본 내에서 태양광을 활용해 직접 수소를 생산하는 10MW 수전해 시스템을 2020년에 설치, 운영 중이다. 이는 2021년 기준, 세계 최대 규모의 수전해 설비이다. 넬의 경우 고분자 전해질 수전해도 동시에 추진 중이다.

   고분자 전해질 수전해 방식의 대표적인 기업으로는 현재는 커민스Cummins사에 병합된 캐나다의 하이드로제닉스Hydrogenics, 독일의 지멘스Siemens, 덴마크의 그린하이드로젠Green Hydrogen Systems과 에버퓨얼Everfuel AS, 영국의 아이티엠파워ITM Power, 미국의 플러그파워Plug Power 등이 있다. 2021년 현재 하이드로제닉스는 캐나다 퀘벡주에, 에버퓨얼은 덴마크 프레데리카에 각각 20MW 규모의 고분자 전해질 수전해 설비를 만들고 있다. 완공되면 세계 최고 규모의 수전해 설비가 될 예정이다. 하지만 수소위원회Hydrogen Council가 2030년까지의 전 세계 수전해 설치 용량을 90GW, 국제재생에너지기구IRENA는 270GW로 전망하고 있음을 고려하면, 수전해 시장은 이제서야 열리기 시작했다고 봐도 무방하다.

   국내에서는 SK E&S가 미국의 플러그파워와 함께 합작법인을 설립하여, 수전해와 연료전지 생산을 위한 '기가팩토리 & 연구개발 센터'를 건설할 계획을 2021년 10월에 발표했다.

수소 저장 및 운송 관련 플레이어들

수소를 저장하고 운송하는 방식에는 여러 가지가 있다. 현재 많이 이용되고 있는 방식은 압축수소의 형태이지만, 추후 수소 에너지가 활성화되면, 대량 원거리 수송을 위해서 액화수소 형태의 저장에 대한 수요도 크게 늘어날 전망이다. 우선 압축수소 저장 시장에서는 철강 가공회사인 워딩턴인더스트리Worthington Industries가 사전 냉각 없이 바로 압축 저장할 수 있는 수소 실린더를 개발하여 성공을 거두고 있다.

　고압의 수소 기체를 안전하게 저장하기 위해서는 금속이나 플라스틱 용기라이너라고 부른다를 탄소섬유로 촘촘히 둘러싸야 하는데, 이 탄소섬유 시장은 도레이Toray, 데이진Teijin, 미쓰비시 등의 일본 기업들이 전 세계의 절반 이상을 차지하며 주도하고 있고, 국내에서는 효성첨단소재와 일본 도레이의 자회사인 도레이첨단소재가 독점하다시피 하고 있다. 이 탄소섬유를 라이너에 촘촘히 감아서 수소 연료탱크를 만드는 업체로서는 일진하이솔루스가 국내를 선도하고 있다.

한편 수소를 액화하여 저장, 운송하는 방식은 영하 253도 이하의 극저온을 유지해야 하는 만큼 기술 장벽이 상당히 높다. 영국의 린데Linde PLC와 프랑스의 에어리퀴드Air Liquide SA는 액화수소 분야에서 선두 주자라고 할 수 있다. 이들은 액화수소뿐만 아니라 그린수소와 블루수소의 생산부터 수소 액화, 저장, 운송, 충전에 이르기까지 전 영역의 수소 가치사슬에 걸쳐 기술을 보유하고 있어, 수소사회로의 전환 과정에서 주요한 플레이어로 떠오르고 있다. 이들 이외에도 에어프로덕츠Air Products and Chemicals, 프렉스에어Praxair 등도 수소 액화 기술을 보유한 기업이다.

국내에서는 한국과학기술원KIST에서 스핀오프spin-off하여 2014년에 건립된 하이리움산업이 액화수소 제조 및 저장 기술을 가지고 강원도 액화수소 규제자유특구 등지에서 실증 사업을 진행하고 있다. 향후 대규모의 수소 수입과 운송에 대한 시장을 예측하고 있는 SK, 롯데, 효성, GS, 두산 등의 국내 대기업들도 관련 기술을 가진 린데Linde사 등 해외 업체와 함께 액화수소 플랜트 구축을 진행하고 있다.

액상 유기수소 운반체LOHC 방식을 적극 추진하는 업체로는 독일의 하이드로지니우스Hydrogenious, 일본의 치요다화공, 미국의 에어프로덕츠Air Products 정도가 있으나, 아직 상업적으로 큰 두각을 나타내지는 못하고 있다. 2021년 현재 일본, 독일, 미국, 우리나라 등에서 국가적 차원의 계획과 지원으로 연구 개발이 이루어지고 있는 단계이다.

수소 활용 관련 플레이어들: 수송용 시장

우리나라는 수소 생산이나 저장, 운송 산업에 비해 특히 연료전지를 활용한 수소 활용 부분의 산업이 상당히 발달해 있다. 자동차 등 이동형 시장에서는 현대자동차가 일본의 토요타와 함께 독보적인 존재감을 보이고 있다. 일본의 혼다Honda도 클래러티Clarity 모델로 수소전기차를 양산해 오다가, 2021년 8월 수익성 악화 우려로 수소자동차 시장에서 전면적으로 철수한다고 발표했으나 미국 GM과 함께 상용 수소전기차 연구 개발은 지속한다는 계획이다.

현대자동차의 경우에는 2013년 세계 최초로 수소자동차 양산 모델인 투싼 IX를 내놓았고, 2018년 대중화 모델인 넥쏘Nexo 출시 후 2020년 7월에 누적 1만 대를 판매했다. 아직 전기차 시장에 비해서는 초기 단계에 불과하지만, 2020년 기준 세계 수소전기차의 70%가 현대차에서 생산되었다. 아직 수소자동차의 가격이 일반 전기차에 비해서 2배 가량 비싼 문제점이 있어 정부 보조금에 크게 의지하고 있는데, 2030년 경에는 전기차 대비 가격 경쟁력을 가질 것으로 전망하고 있다. 이것을 가능하게 하기 위해서, 연료전지 스택을 대량으로 생산할 필요가 있는데, 2028년까지 버스와 트럭 등 모든 사업용 차량 모델에 수소 연료전지를 적용하겠다고 선언하고 있다. 완성품인 수소차는 현대차에서 생산하지만, 수소차에 들어가는 연료전지 스택은 현대모비스에서 담당한다.

현대차는 트럭용 모델인 '엑시언트Xcient fuel cell'를 생산해 이미 스위스에 수출했고, 다임러도 한번 충전으로 1,000km 이상 주행할 수 있는 '젠 H2'라는 대형 트럭을 2027년 이후부터 양산할 계획이라고 한다. 토요타도 자회사인 히노자동차와 북미 수출용 연료전지 트럭을 공동 개발할 계획이다.

오랜 시간 동안 대형 트럭용 디젤 엔진 생산의 대표 주자였던 미국의 커민스Cummins는 2019년 캐나다의 수소 전문업체 하이드로제닉스를 인수하고, 트럭의 출력, 항속 거리, 충전 시간 등의 측면에서 기존 디젤 기반의 트럭과 비슷한 유저 경험을 제공할 수 있는 연료전지 기반의 트럭을 최근 자체 개발하고 시장에 진입했다. 미국의 신생업체인 니콜라Nikola는 '제2의 테슬라'라고 불리면서 2020년 수소 트럭에 대한 전 세계 대중의 관심을 크게 모았다. 그러나 그 이후 한동안 수소 트럭을 선보이지 못해 구설에 오르기도 했는데, 2022년에 들어서면서 개발의 진척을 보이고 있다.

드론, 트램TRAM: 일반적인 도로 위에 깔린 레일 위를 주행하는 노면 전차로 프랑스 파리, 홍콩 등지에서 흔한 교통수단으로 활용되고 있다, 기차, 선박, 항공 분야에서는 아직 수소를 이용한 규모 있는 시장이 열리지 않은 상태이다. 우리나라에서는 드론용으로 두산모빌리티이노베이션이 개발한 수소 드론에 두산퓨얼셀의 연료전지 시스템을 얹어 2021년 초 상용화에 성공했고, 선박용으로는 현대차가 제공하는 연료전지 시스템을 현대글로벌서비스가 개발한 수소 추진 선박에 탑재하여 2022년 하반기까지 상용화할 예정이다. 삼성중공업은 미국의 블룸에너지와 함께 고온형 연료전지를 기반으로 하는 수소 추진 선박의 개발을 위해 2020년 협약을 체결했다.

수송용으로는 대부분 고분자 전해질PEM 연료전지를 채용하고 있는데, 국내에서는 상아프론테크가 이 연료전지에 들어가는 전해질을 국산화해서 납품 중이다. 전해질에 촉매와 함께 양쪽 전극을 코팅해 놓은 일체형의 부품을 막전극접합체MEA라고 부르는데, PEM 연료전지의 핵심 부품이라고 할 수 있다. 전해질과 MEA는 세계적으로는 고어Gore, 쓰리엠3M, 듀퐁DuPont 등의 몇 개 기업들만이 과점하고 있다.

최근에는 코오롱 인더스트리가 MEA를 국산화해서 시생산 중이고, 비나텍도 기존의 탄소섬유 기술을 기반으로 MEA 생산에 시동을 걸고 있다. 금양은 초미세 백금 촉매를 탄소체에 입히는 기술을 이전 받아 백금을 최소화한 MEA를 개발하고 있다. 연료전지 스택에 들어가는 또 다른 주요 부품인 금속분리판은 유한정밀이 현대차 넥소 모델에 먼저 공급하고 있고, 자동자 부품업체 세종공업의 자회사인 세종EV도 생산에 뛰어들었다. 만도는 수소차의 연료전지에서 나오는 전압을 높여서 보조배터리를 충전하고 모터도 구동할 수 있도록 하는 컨버터를 생산한다.

수소차를 위한 수소충전소는 700bar 이상의 초고압으로 충전할 수 있어야 한다. 이를 위해 국내 여러 업체들이 린데Linde사 등 해외 전문업체로부터 압축기 등 부품을 들여오거나 직접 이들과 공급계약을 체결하는 형식으로 충전소를 건립하고 있다. 효성중공업이 시장을 선도하는 가운데, 넬코리아, 광신기계, 이엠솔루션, 범한기업, 제이엔케이히터 등의 업체들이 정부 기관이나 수소충전소의 건설과 운영을 위한 특수목적법인인 수소에너지 네트워크HyNet로부터 발주를 받아 지속적으로 충전소를 만들어 나가고 있다.

수소 활용 관련 플레이어들: 고정형 시장

발전용 연료전지 시장에서는 우리나라가 2021년 현재 세계 선두 국가라고 할 수 있다. 정부의 연료전지 발전에 대한 지원에 힘입은 결과다. 이 시장에서 우리나라는 포스코에너지, 두산퓨얼셀 등의 대기업이 전체 누적 설치 용량의 거의 대부분을 차지하면서 주도해 왔다. 최근 포스코에너지가 영업 손실로 인하여 신규 수주 활동이 주춤한 사이에 두산퓨얼셀이 지속적으로 신규 수주를 이어가고, 블룸에너지가 SK와의 협업을 통해 국내 시장에 진출한 이후에는 사실상 두산퓨얼셀과 블룸에너지가 발전용 연료전지 시장을 주도하고 있다.

두산퓨얼셀과 블룸에너지에서 사용하고 있는 발전용 연료전지는 각각 인산형 연료전지PAFC와 고체산화물 연료전지SOFC로 서로 다른 형태를 지니고 있다. 두산퓨얼셀의 PAFC 연료전지는 발전 효율 42%로 블룸에너지의 SOFC 연료전지의 발전 효율 53~65%에 비해 다소 낮지만, 48%에 달하는 열효율로 전기와 열을 동시에 생산하는 장점을 가지고 있다. 발전용 연료전지 시장에서는 연료전지 방식 자체의 상대적 우위보다는 발전 사업의 특성 및 요구 조건에 따라서 적합한 연료전지 방식을 선택할 수 있음을 보여주는 사례라고 하겠다.

2019년 기준, 우리나라 발전용 연료전지 누적 설치 용량은 408MW 수준인데, 정부의 적극적인 보급 정책을 통해 2022년까지 1.5GW누적 수출 0.5GW, 2040년 15GW누적 수출 7GW 수준으로 확대하는 것을 목표로 하고 있다. 향후 전 세계 발전용 연료전지 신규 시장의 60~70%는 한국이 점유할 것으로 추정되며, 이에 따라 두산퓨얼셀과 블룸에너지가 주도하는 발전용 연료전지 시장은 빠른 속도로 확대될 전망이다.

발전용 연료전지 이외에도 국내의 건물·빌딩용 연료전지 시장 역시 고성장이 기대되기 때문에, 오히려 늘어나는 수요를 감당하기 위해서는 추가적인 발전용 연료전지의 생산이 필요한 상황이다.

가정용 연료전지의 경우에는 일본 시장이 가장 활성화되어 있다. 일본에는 이미 2019년 말 기준, 34만 대에 이르는 '에너팜' 가정용 연료전지가 보급되어 있고, 2030년까지 530만 대, 2050년까지는 거의 대부분의 가정에 보급할 것으로 예상하고 있다. 파나소닉Panasonic과 아이신Aisin Seiki이 이 시장의 90% 가량을 점유하고 있다.

현재 우리나라는 대규모 발전용 연료전지에 비하면 가정용 연료전지의 점유율은 미미한 수준이다. 하지만 향후 잠재성이 높은 소형 분산 발전용 연료전지 시장에서 기술 경쟁력을 갖추기 위해 다수의 기업들이 기술 개발을 하고 있으며, 핵심 기술 고도화 및 국산화를 위한 정부의 제도적 지원과 투자가 동시에 진행되고 있다. 최근 미코, STX중공업, 에이치앤파워 등의 기업이 가정용 연료전지 개발과 상용화에 성공했고, 이외에도 경동나비엔, 에스퓨얼셀, 범한퓨얼셀 등의 기업들이 다양한 규모의 건물, 가정용 연료전지 시스템을 개발하여 실증 운전 중에 있다.

국내 대기업의 합종연횡

이제 막 시작된 수소 산업의 주도권을 쥐기 위해서 국내외의 많은 기업들이 저마다의 청사진을 내놓고, 기업간의 협업을 통한 시너지를 도모하고 있다. 우리나라의 많은 대기업들도 수소사회의 본격화에 대비해서 분주한 모습이다. 2021년 9월에는 국내 굴지의 대기업들이 총출동한 수소기업 협의체Korea H2 Business Summit가 출범했고, 특히 현대차, SK, 포스코, 한화, 효성 등 5개 그룹은 수소 산업 전반에 걸쳐 2030년까지 43조 원 규모의 투자를 감행하기로 결의했다.

수소는 전 세계를 아우르는 대규모의 신규 시장인 동시에, 이 산업을 본 궤도에 올리기 위해서는 생산, 저장, 이송, 활용 등에 이르는 전 가치사슬이 모두 활성화되어야 한다는 점에서 한편으로는 당연한 움직이지만, 대기업 그룹들이 특정한 하나의 사업 영역에 대해서 전방위적으로 협업하는 모습들이 생경하기도 하다.

현대차 그룹의 경우에는 세계 최초 및 최대 수소자동차 생산업체로서 세계 시장에서 존재감을 과시하면서, 연료전지를 이용한 모빌리티운송 시장 전반에 대한 야심을 보이고 있다. 이미 생산 중인 대형 트럭뿐 아니라, 버스, 선박, 트램, 열차, 도심항공교통 등의 다양한 운송 수단용 파워트레인으로서 연료전지를 적용하고자 한다.

이러한 모빌리티 분야뿐만 아니라 주택, 빌딩, 발전소 등을 위한 에너지 솔루션으로서도 연료전지 사업을 적극적으로 추진하고 있다. 2028년까지 모든 사업용 차량 라인업에서 수소 연료전지를 적용하고, 2030년까지 수소전기차만 연간 50만 대, 수소 연료전지 시스템도 70만 기를 생산할 계획이다. 현대 모비스에서 연료전지 모듈들을 생산하고 있다.

SK 그룹은 생산, 유통, 공급 전반에 걸친 수소 산업의 넓은 영역에서 입체적으로 준비하는 모습이다. 수소 사업에만 2025년까지 단기 수소 사업 투자 계획 중 가장 큰 규모인 18조 원 이상을 투자할 계획이다. 우선 2023년까지 연간 3만 톤 규모의 수소 액화플랜트를 만들어 액화수소를 수도권에 공급하고, 2025년까지 블루수소를 연간 25만 톤 규모로 생산한다는 계획을 진행 중이다. 기존 주유 인프라를 이용해 2025년까지 수소충전소도 100곳에 운영하려고 한다.

해외의 수소 관련 핵심 기술들을 확보하고 동시에 글로벌 시장을 공략하겠다는 전략 아래 실질적인 대규모 해외 투자도 감행하고 있다. 2021년 초에는 수소 연료전지 분야 글로벌 선두 주자이자 수전해 장치 개발에도 적극적인 미국의 플러그파워Plug Power의 지분을 10% 확보하면서 최대 주주가 되었고, 이후 6월에는 청록수소 대표 주자인 미국의 모노리스Monolith사에도 투자했다. 그 이전부터는 고온 연료전지의 대표 주자인 미국의 블룸에너지Bloom Energy사와 함께 고체산화물연료전지SOFC의 국산화를 위한 합작 법인 블룸 SK퓨얼셀을 설립하고 국내에서 연료전지를 직접 생산해 내고 있기도 하다.

한화그룹 역시 수소 생산, 저장, 활용에 이르는 수소 가치사슬 전반에 걸친 투자를 감행 중이다. 수소 생산 분야에서는 한화솔루션이 음이온 교환막 수전해AEMEC기술을 직접 개발함으로써 그린수소 시장으로의 진입을 도모함과 동시에, 해외에서 운송된 암모니아에서 수소를 추출하여 공급하는 것에도 투자하고 있다.

활용 분야에서는 미국의 PSMPower System Manufacturing사와 네덜란드의 토마센에너지Thomassen Energy사의 인수를 통해 '수소혼소발전' 기술을 확보해 한국서부발전과 실증을 진행 중이다. 수소혼소발전은 기존 액화천연가스LNG를 이용한 발전 터빈에 수소를 섞어서 연소시킴으로써 전체적인 이산화탄소 발생을 줄이는 발전 방식이다.

저장 분야에서는 2019년 일본의 태광후지킨사를 인수하고,

2020년 고압탱크 전문업체인 미국 시마론^{Cimarron}사를 100% 인수해서 수소 저장 탱크 시장에 본격적으로 뛰어들었고, 한화파워시스템을 통해서는 압축기, 고압 용기, 냉각 장치 등을 컨테이너 안에 하나로 묶어 패키지형 수소충전 시스템을 공급한다.

포스코는 현재 국내에서 단연 가장 많은 탄소를 배출하는 기업으로서 대규모의 제철 공정 청정화 압박을 많이 받고 있다. 이에 기존 석탄 대신 수소를 철광석 환원제로 쓰는 '수소환원제철'로의 전환을 위해 2050년까지 30~40조 원에 이르는 엄청난 규모의 투자를 단행하겠다고 발표했다. 여기에 쓰이는 수소를 직접 생산하겠다는 목표로 2030년까지 블루수소를 연간 50만 톤을 생산하고, 2050년까지는 전 세계 생산 거점 구축을 통해 무려 연간 500만 톤이라는 압도적인 양의 그린수소를 생산한다는 계획이다. 이와 더불어, 수소 저장 탱크 등에 필요한 강재 생산 계획도 갖고 있다.

효성그룹은 수소의 생산과 저장에 포커스를 맞추고 있다. 우선 효성화학 공장에서 나오는 부생 수소를 세계 최대 산업가스업체인 린데^{Linde}사와의 협력을 통해 액화, 저장, 공급하기 위한 연간 1만 3천 톤 규모의 액화수소 플랜트를 2023년까지 만들 예정이고, 블루수소와 그린수소 생산에도 지속적인 투자를 계획하고 있다.

더불어, 20년간 축적된 수소 압축, 충전 기술을 토대로 효성중공업은 국내 수소충전소 시장을 이끌고 있다. 2021년 10월 기준 17개의 수소충전소를 운영 중이다. 효성첨단소재는 충전소와 수소전기차용 압력 용기에 들어가는 주재료인 탄소섬유를 생산하는데, 2028년까지 1조 원을 투자해 연간 2만 4,000톤의 탄소섬유를 생산할 계획이다.

두산그룹은 국내 발전용 연료전지의 선두주자라고 할 수 있다. 두산퓨얼셀은 2021년 기준 최근 3년 연속 수주액 1조 원을 달성했다. 주로 2014년 미국 클리어에지파워ClearEdge Power 인수를 통해 기술을 확보한 인산형 연료전지PAFC 기반의 수소 발전소가 주력이지만, 최근에는 영국의 세레스파워Ceres Power와 함께 고체산화물 연료전지SOFC 기술 확보에도 노력을 기울이고 있다.

발전용에 머무르지 않고 드론과 선박용 연료전지 개발로도 사업 영역을 확장하고 있다. 연료전지를 통한 수소 활용뿐 아니라 수소 가스터빈을 이용한 수소 활용을 위해서도 두산중공업이 기술 개발을 진행 중이다. 이렇듯 수소 활용 분야에서 강점을 보여왔고, 또한 그린수소와 블루수소 생산 및 수소 액화 플랜트 사업에도 의욕을 보이고 있다.

롯데그룹도 롯데케미칼을 중심으로 생산, 운송, 활용의 넓은 가치사슬을 구축한다는 움직임을 보이고 있다. 우선 2025년까지 부생 수소를 기반으로 블루수소 16만 톤, 2030년까지 그린수소 44만 톤을 더해 총 60만 톤의 청정수소를 생산하겠다는 계획이다. 더불어 2025년까지 수소충전소 50개, 2030년까지는 200개를 세우고, 활용 부분에서 중요한 구성 요소인 수소 저장 탱크도 개발해서 2030년까지 50만 개를 생산하겠다고 한다.

롯데그룹은 무엇보다 여러 계열사를 총동원한 '그린암모니아'의 독자적인 가치사슬 구축 계획이 눈에 띈다. 롯데케미칼이 해외에서 그린수소를 생산하면, 롯데글로벌로지스가 이를 암모니아 형태로 국내로 들여오고, 국내 유통은 이미 암모니아 유통의 70%를 담당하고 있는 롯데정밀화학이 맡는다는 그림이다. 롯데케미칼은 다시 이 암모니아에서 수소를 추출해서 SK가스와의 협력을 통해 수소충전소에 공급하게 된다.

GS그룹은 우선 GS칼텍스가 가지고 있던 주유, 정비 공간을 거점 삼아 전기차와 수소차의 충전, 차량 경정비, 방문 세차 등의 시설 고도화를 통해 차량을 위한 복합적인 서비스 공간으로 탈바꿈시킬 계획이다. 그리고 한국가스공사와 함께 액화수소 플랜트 사업2024년까지 내 연산 1만 톤 규모, 액화수소충전소 구축 등 액화수소 사업

전반에 대한 협업을 약속했다. 또한 한국동서발전과 1,000억 원을 투자해 2023년을 목표로 15 MW 규모의 수소연료전지 발전소도 건설하기로 하는 등 수소 가치사슬 전반에 대한 투자를 이어갈 계획이다.

이렇듯 국내 대부분의 대기업들이 수소 사업을 차세대 먹거리로 보고 대규모의 투자와 기술 개발을 진행하고 있다. 이러한 청사진 들이 대부분 2021년말 기준 불과 1~2년 내에 구체화되고 공표되 었다는 사실이 흥미롭다.

맺으면서

　더 이상의 지구온난화를 막기 위해서는 화석에너지에서 풍력과 태양광으로 대표되는 재생에너지로 최대한 빨리 대규모의 패러다임 전환이 이뤄져야 한다. 그리고 안정적인 재생에너지 사회에 도달하기 위해서는 거기에 걸맞는 대규모의 경제적인 에너지 저장 수단을 확보해야만 한다.

　풍력과 태양광에서 만들어진 전기는 만들어지는 즉시 소비되거나 저장되지 않으면 버려질 수밖에 없다. 이들 전기는 우리가 원할 때 원하는 곳에서 생성되는 것도 아니기 때문에, 전력 소비의 시간적, 공간적인 제한이 있다. 이런 문제를 해결하기 위해서는 이들 전력의 저장이 필수적이다. 수요 공급의 불일치에서 오는 전력 계통의 불안정성을 제거하기 위해서도 꼭 필요하다.

　중요한 문제는 전 세계를 움직일 수 있을 정도의 규모로 에너지를 저장하려면 어떤 방법이 가장 합리적인가 하는 것이다. 현재까지 인류가 개발해 온 대규모 에너지 저장 기술 중에는 양수 발전, 배터리, 수소 정도의 선택지를 생각해 볼 수 있다. 지금까지 누적 저장 에너지 용량으로는 양수 발전이 압도적으로 가장 크지만, 재생에너지 사회에서 필요한 에너지 저장 용량에 이르기 위해서는 현재보다 수천 배는 더 늘려야 한다. 하지만 양수 발전의 경우에는 이들 시설들을 추가적으로 구축하기 위한 지리적인 조건이 상당히 제한적이기 때문에 현재 설치된 것보다 수천 배 늘리기는 사실상 불가능하다.

한편 배터리는 전 세계 생산 전력의 상당 부분을 저장하기에는 터무니 없이 비싸고, 이를 만들기 위해 필요한 각종 금속 재료의 소요량도 압도적으로 크다. 원거리 에너지 수송 측면에서 볼 때에도 배터리는 너무 무거워 경제성이 없다. 결국 현재로서는 수소만이 유일한 희망이다. 재생에너지 기반으로 전 세계 에너지 생태계를 재편하기 위해서는 재생에너지를 이용한 대량의 수소 생산과 소비가 경제적으로 이루어질 수 있는 방향으로 발걸음을 재촉할 수밖에 없다.

일부에서는 현재의 수소 생산 대부분이 화석연료를 기반으로 하고 있어 수소를 추구하는 것은 온실가스 배출을 더욱 부추기는 것이라는 지적이 있다. 하지만 이것은 최대한 빠른 시일 내에 그린수소를 확대해 나가야 하는 이유가 될지언정, 수소를 포기해야 하는 이유가 될 수는 없다. 또 다른 이들은 수소의 낮은 경제성과 효율성을 이야기하는데, 이것 역시 수소 산업의 추진을 멈추어야 하는 이유가 되지는 않는다. 진정한 재생에너지 사회로 나아가는데 있어서 수소 이외의 대규모 에너지 저장에 대한 대안이 없기 때문이다. 오해를 피하기 위해서, 여기서 대규모 에너지 저장이라고 함은, 전 세계 재생에너지 기반의 연간 생산 전력의 적어도 10~20%에 이르는 규모를 의미한다. 전체적으로 적어도 이 정도 규모는 되어야 의미 있는 시간적, 공간적인 에너지의 재분배^{특히 계절간, 대륙간 재분배}가 가능할 것이다.

배터리 기반의 소위 ESS^{Energy Storage System}도 '대규모 저장 장치'로 불릴 수 있지만, 미국 북가주에서 가동 중인 2021년 현재 세계 최대 ESS의 용량은 고작 1.2GWh에 불과하다. 2020년 한 해 동안 전 세계 전력 생산량은 27,000TWh였다. 향후에는 대부분의 전력이 재생에너지에서 나오게 될 텐데, 그 때 연간 전력량의 10%라도 저장하려면 현존 세계 최대 규모의 ESS 시설이 적어도 225만 개가 필요하다는 계산이 나온다. ESS로는 도저히 '의미 있는 규모'로의 확대를 도모하기 어렵다. 게다가 최근에는 대규모 ESS 이곳저곳에서 불이 나는 등 안전성 문제까지 겹쳤다.

하지만 다행히 수소는 태생적으로 배터리에 비해서는 훨씬 확장성이 크다. 단순하게 보자면, 에너지를 현재보다 100배 많이 저장하기 위해서는 배터리의 경우에는 100배 큰 배터리가 필요하지만, 수소의 경우에는 100배 큰 수소 저장 용기만 있으면 된다.

배터리 역시 재생에너지 사회의 진입을 위해서는 꼭 필요한 요소임은 부인할 수 없다. 특히 수송용 배터리와 비교적 소규모 ESS용 배터리는 상당히 중요하다. 가정용 태양광 장치에 붙이는 약 10kWh 규모의 ESS, 자동차용으로 쓰이는 50~200kWh 정도의 배터리뿐만 아니라, 지역별 분산 발전 태양광의 ESS용까지 많은 영역에서 중요한 역할을 할 것으로 기대가 된다. 특히 ESS의 경우에는 대략 하루 정도의 단기간 부하 평준화와 전기 출력 안정화에 큰 기여를 할 것이다.

이러한 시장은 각각의 시스템이 크지 않기 때문에 배터리가 수소에 비해서 시스템 자체의 간결성과 경제성 측면에서 이미 비교 우위를 갖고 있는데, 에너지원전기 vs. 수소의 배송, 충전에 드는 비용도 현저히 적다는 더 큰 강점도 가지고 있다.

중단기적인 관점에서 볼 때, 수소 배송 인프라가 미치기 어려운 곳은 배터리가 압도적으로 유리할 수밖에 없다. 위에서 언급한 일반 자가용, 가정용 ESS 등의 시장이 그러하다. 이들 시장에서도 수소를 활성화하기 위해서는 우선적으로 시설, 건물, 가구마다 충분히 저렴한 수소 운송, 분배 인프라가 구축되어야 하지만 아직은 요원한 이야기이기 때문이다. 반면 전기 배선 인프라는 모두 구축되어 있어서 말단 충전기만 있으면 배터리는 바로 쓸 수 있다.

최근에 많이 논의되고 있는 '앞으로 자동차용 에너지원으로 수소가 나은가 배터리가 나은가'라는 질문에 대해서는 간략하게 답하기 어렵다. 차량의 규모, 용도, 지역, 기타 요구 사양 등에 따라 전기차가 유리하기도 하고 수소전기차가 유리하기도 하다. 어떤 세그먼트의 시장을 얼마만큼씩 전기차와 수소전기차가 각각 차지할 것인가는 앞으로 시스템 가격, 전기와 수소 가격, 수소 배급 인프라, 충전 시간, 시스템 무게 등 다양한 변수의 진화 속도에 따라 시장의 논리에 의해 선택될 것이다.

대형 트럭 등 대규모 수송 차량 시장, 긴 항속거리가 요구되는 사업용 차량 시장, 수소 수입국에서의 차량 시장 등의 경우에는 다른 시장에 비해서 수소전기차가 상대적으로 유리하다. 또한 수소의 운송 및 공급 측면에서 우선적으로 경제성을 가질 수 있는 부분부터 수소 시장이 열릴 것이라는 점도 예상 가능하다. 즉 수소충전소가 많이 필요하지 않으면서 배터리에 비해 자체적인 경쟁력을 확보하기 용이한 지게차, 대형 트럭, 버스, 기차 등의 시장이 우선순위를 갖게 될 것이다. 선박과 항공기의 경우에도 수소 또는 수소 파생 연료(암모니아)를 이용할 수 있는 파워트레인이 준비되면 시장이 열릴 것이다. 반면, 세단 등 작은 규모의 차량은 먼 미래에도 수소가 배터리에 비해 큰 비교우위를 가지기 어려울 것으로 보인다.

비수송용 부문의 경우에는, 단기적으로는 부생 수소가 발생하는 화학, 정유 공장 인근에서 연료전지 발전소를 건설함으로써 경제성 있는 수요처를 아직 찾지 못한 수소를 이용해 우선 깨끗한 전기를 생산할 수 있겠다. 이와 더불어 풍력이나 태양광을 넓은 지역에 설치하기 어려운 도심과 같은 곳에 분산형 발전용으로 수소 수요가 열릴 것으로 생각된다. 대략적으로 행정 구역상 몇 개 동 정도에 전력을 공급할 수 있는 규모의 연료전지 발전소를 말한다. 각 가정이나 건물로 수소를 배송할 수 있는 인프라 구축에는 앞으로 많은 시간이 소요되겠지만, 분산형 발전소의 경우에는 수소 공급지로부터 발전소까지만 수소 파이프라인을 설치하면 운영할 수 있을 것이기 때문이다. 도심에서 연료전지로 발전을 하게 되면, 좁은 공간에서도 전기와 열을 동시에 고효율로 깨끗하고 조용하게 생산해 낼 수 있어서 효용 측면에서도 가치가 크다.

좀 더 작은 규모로는 공장이나 데이터센터의 비상 전력원으로서 연료전지 발전소도 비교적 빨리 시장이 열릴 것으로 보인다. 비상 전력원이기 때문에 장기간 운전이 필요하지 않고, 연료전지의 추가적인 내구성 확보 없이도 적용할 수 있는 시장이기 때문이다.

장기적으로 보면, 각 가구들과 건물 단위까지 수소 배관 인프라가 구축된 후에는 가정용, 건물용으로도 수소 연료전지 기반의 분산 발전을 이룰 수 있을 것이다. 물론 '천연가스' 기반의 가정용, 건물용 소형 연료전지 발전은 기존 배관 인프라를 활용해 이미 시장 진입 초기 단계에 들어섰고 일본의 경우에는 꽤 활성화 되었지만, 이는 엄밀한 의미에서 화석연료 기반의 시스템이지 수소 기반의 시스템이 아니다.

하지만 이 천연가스 기반의 소형 연료전지 발전 시장의 활성화는 훗날 수소 인프라 구축이 이루어진 후 수소 기반의 소형 연료전지를 급속히 확산시키는데 큰 역할을 할 것으로 예상된다. 연료전지 시스템이 가지고 있는 높은 효율과 전기와 난방을 한 번에 해결해 주는 효용성에 대한 시장의 인지도를 장기간에 걸쳐 높일 수 있기 때문이다. 게다가 앞으로 수소가 바로 가정과 건물로 공급되면 천연가스를 수소로 바꾸어주는 개질기는 불필요해지기 때문에 가격 측면에서도 더 유리해진다. 현재 활성화되고 있는 이들 시스템은 개질기와 연료전지가 통합된 시스템이다.

이와 동시에, 제철과 화학 공정 등 산업 공정을 위한 반응제나 원료로서도 수소가 기존의 탄화수소를 점진적으로 대체할 것으로 기대된다. 특히 제철 산업의 경우 현재 탄소 배출의 상당 부분을 차지하고 있기에 필연적으로 수소로의 전환이 요구되지만, 관련한 기술 개발과 설비 전환에 아직 많은 시간과 자본이 필요한 것도 사실이다. 오랜 시간이 걸리겠지만 부지런히 나아가야 할 방향임은 분명하다.

2020년을 기점으로 대부분의 주요 국가들이 2050년 탄소중립을 향해 나아가고 있다. 전 지구적인 거대한 에너지 패러다임을 바꾸는 일이기에 실질적으로 유의미한 탄소 저감에 이르기 위해서는 많은 시간이 걸릴 것으로 보인다. 게다가 감당할 수 없는 비중의 재생에너지 시설 때문에 오히려 화석연료를 더 많이 써야 했던 독일의 경우와, 어업과 농사 등 생계를 위협 받는 당사자의 거센 반대에 부딪혀 풍력과 태양광 설치 프로젝트가 좌초되기도 하는 우리나라의 경우에서 보듯이, 패러다임 전환 과정에는 예측하지 못했던 여러 경제적, 사회적, 기술적인 장애물들이 도사리고 있다. 하지만 돌이킬 수 없는 전 지구적인 재앙을 막기 위해 소위 '1.5도 시나리오'를 달성하려면 우리에게 머뭇거릴 시간은 남아있지 않다.

정부와 지자체의 강력하면서도 세심한 계획 수립과 추진이 그 어느 때보다 크게 요구되는 상황이다. 경쟁력 있는 크고 작은 기업들의 투자와 개발을 유도하는 동시에 대중의 이해와 참여를 이끌어 내어 가장 효율적인 방향으로 탄소 저감을 달성해 나가야 한다. 만약 풍력과 태양광만의 재생에너지를 요구되는 시한 내에 충분히 공급할 수 없다면, 원자력 발전의 옵션을 포함해서 탄소중립을 최대한 빠른 시간 내에 달성할 수 있는 다른 방법들도 전방위적으로 모색하는 유연한 결단도 필요하다고 하겠다.

  청정에너지 사회에서 수소의 주요한 임무가 재생에너지의 간헐적이고 변동성이 심한 전력 생산 특성을 보완하는 것이라는 점에서, 에너지 매개체로서 수소를 추진하는 것은 재생에너지가 전제될 때에나 의미가 있다. 1990년대 후반에서 2000년대 초반 무렵에는 연료전지와 수소 테마에 대한 기대가 지금은 가히 상상할 수 없을 정도로 과열된 적이 있었다. 2021년 10월 현재 주당 8달러 정도에 머무르고 있는 미국의 주요 연료전지 회사 중 하나는 2000년 말쯤 주당 7,000달러에 육박한 적이 있을 정도였다. 하지만 재생에너지 관련 인프라가 전혀 준비되지 않은 시기였기에 그러한 시장의 기대를 결국 충족시킬 수 없었고, 거품이 꺼진 이후 20년 가까이 시장으로부터 차갑게 외면을 당했다.

  그러나 새롭게 수소가 부상하고 있는 지금의 상황은 다르다. 전 세계적으로 재생에너지 시장이 이제는 무르익었고, 이전과 비교할 수 없을 정도의 많은 전문가와 정책 입안자들이 수소를 추진해야만 하는 당위성에 공감하고 있다. 그리고 수소사회 진입을 위해 가장 중요한 기술인 연료전지와 수전해 기술이 이미 수십 년간의 집중적인 연구 개발을 통해 대량 양산을 시도해 볼 수 있을 정도로 성숙되어 있다.

재생에너지 사회 진입의 열쇠인 그린수소가 그리드 패러티grid parity:신재생에너지 발전 단가와 기존 화석에너지 발전 단가가 같아지는 균형점를 이루고, 대규모의 저장, 운송 인프라가 구축될 때까지는 아직 시간이 걸리겠지만, 지금 시점에서 중요한 것은 수소에 대한 확신이다. 일관성을 가지고 지속적이고 체계적으로 수소를 추진한다면 그리 멀지 않은 시간 안에 우리는 완전체에 가까운 재생에너지 사회에 이를 수 있을 것이라고 믿는다. 태양광과 풍력 발전이 지금은 미국, 남미, 유럽, 중국, 호주 등 전 세계 많은 곳에서 화석연료보다 더 경제적인 발전 방식이 되었지만, 불과 10년 전만 하더라도 이들의 그리드 패러티는 막연한 먼 미래의 꿈이었다. 이제는 명실공히 수소의 차례다.

연료전지와 수전해 원리

원자, 이온, 전기화학 반응

이 책의 2부에서 잠시 연료전지의 작동 원리를 설명했지만 여기서
는 관심있는 독자들을 위해 공학 전공자가 아니어도 누구나 이해
할 수 있는 범위 내에서 좀 더 근본적으로 연료전지와 수전해가 어
떠한 원리로 동작하는지에 대해 설명해보고자 한다.

우선 연료전지와 수전해 장치는 '전기화학적 에너지 전환 장치'이
다. 연료전지는 화학적 에너지를 전기 에너지로, 수전해는 전기 에
너지를 화학적 에너지로 전환시킨다. 배터리도 역시 전기화학적
에너지 전환 또는 저장 장치라고 할 수 있다. 즉 이들은 전기화학적

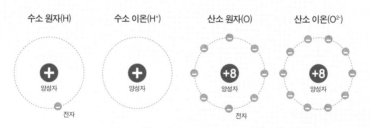

[부록-1] 이온은 어떤 원자로부터 전자가 더해지거나 빠져 있는 상태를 말한다. 그림에서는 양성
자와 전자의 크기가 그리 다르지 않게 보이지만, 실제로는 하나의 양성자는 전자보다 적어도 1천
배는 크고 무겁다.

인 반응을 통해 전기를 만들거나, 외부 전기를 이용해 특정한 원소나 화합물을 만들기도 한다.

전기화학적 반응이란 간단하게 말해서 어떤 물질에 전자ᵉ를 더하거나 빼내는 반응을 말한다. 그림에서 보듯이 수소 원자ᴴ의 경우에는 하나의 양성자와 하나의 전자로 이루어져 있다. 산소 원자ᴼ는 여덟 개의 양성자와 여덟 개의 전자로 이루어져 있다. 이렇듯 각각의 원자는 양의 전하를 띠는 양성자와 음의 전하를 띠는 전자가 같은 수로 이루어져 있어 전체적으로 중성을 띤다.

하지만 이들 원자로부터 전자를 떼어 내거나 외부에서 전자를 가져와서 원자에 붙여 놓게 되면 더 이상 전체적인 전하 상태가 중성이 아니게 된다. 이렇게 양이나 음의 전하를 지닌 원자의 상태를 '이온'이라고 부른다. 수소 이온은 대부분 +1의 전하를 띠는 H^+가 되고 산소 이온은 대부분 -2의 전하를 띠는 O^{2-}가 된다. H^+와 O^{2-}는 다른 전하 상태의 이온보다 상당히 안정적이기 때문이다. 전자를 더하거나 빼서 원자를 이온으로 만들고, 이온을 다시 중성을 띠는 원자로 만드는 과정들을 모두 전기화학 반응이라고 칭할 수 있다.

한편 수소는 원자 상태ᴴ보다는 원자 두 개가 결합되어 있는 분자 상태ᴴ²로 있고 싶어한다. 마찬가지로 산소도 원자 두 개가 붙어 있는 O_2 분자로 존재한다. 분자 상태가 훨씬 안정된 상태이기 때문에, 행여 어떤 이유로든 원자가 단독으로 잠시 생성된다고 해도 금새 다른 원자와 결합해서 분자로 바뀌어 버린다. 따라서 우리가 연료 전지의 원료로 쓴다고 하는 수소는 정확히 이야기 하면 수소 분자 H_2이다. 또, '공기 중의 산소'라고 하면 산소 분자 O_2를 지칭하는 것이다. 공기의 78%를 차지하는 질소도 질소 분자 N_2 상태로 존재한다.

수소극과 산소극의 반응들

2부에서 설명했듯이 수소 연료전지는 한쪽 전극으로는 수소 H_2를 주입하고 다른 한쪽 전극으로는 산소 O_2를 주입한다. 요즘 가장 많이 상용화되고 있는 고분자 전해질 연료전지 PEMFC의 경우에 대해서 이야기를 해보자. 우선 수소극 수소가 주입되는 전극에서는 각각의 수소 분자 H_2가 두 개의 수소 원자 H로 쪼개지고, 그 각각의 수소 원자는 수소 이온으로 이온화된다. 화학식으로 나타내면 이렇게 된다.

$$H_2 \rightarrow 2H \qquad\qquad \text{[식 1]}$$
$$H \rightarrow H^+ + e^- \qquad\qquad \text{[식 2]}$$

이렇게 생성된 수소 이온 H^+은 드디어 전해질 electrolyte을 통과할 수 있게 된다. PEMFC의 전해질은 오직 수소 이온 H^+ 만을 통과시키고 수소 분자 H_2, 산소 분자 O_2, 전자 e^- 등은 모두 걸러내는 얇은 막으로 만들어진 필터라고 생각할 수 있다. 수소 이온이 전해질을 통과할 때, 그림[부록-2]에서 보듯이 전자는 바깥으로 연결되어 있는 전선을 통해서 이동할 수밖에 없다. 가만히 있으면 전자가 수소극에 쌓여서 서로 밀어내기 때문에 어디로라도 가야하는데 전해질은 통과할 수 없다. 이렇게 전자의 이동을 강제할 수 있는 에너지를 만드는 것을 '전기의 생산'이라고 부른다. 결국 전기 에너지는 '전자를 움직이게 하는 힘'이라고 할 수 있다.

전해질을 통과한 수소 이온과 전선을 통과한 전자는 산소극^{공기가}

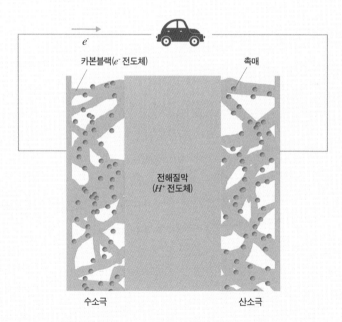

[부록-2] 고분자 전해질 연료전지 셀의 단면. 전극은 수소와 산소가 잘 통할 수 있도록 다공성으로 만들어지고 전해질막은 수소 이온만을 투과할 수 있도록 촘촘하게 만들어진다.

주입되는 전극에서 산소와 만나 순수한 물을 만들어낸다.

$$4H^+ + 4e^- + O_2 \rightarrow 2H_2O \qquad \text{[식 3]}$$

위의 화학식은 간단하게 표시했지만, 산소 분자O_2 역시 산소 원자O로 쪼개지고, 수소극으로부터 배달된 전자e^-를 가져와서 산소 이온O^{2-}으로 바뀌고, 또 다시 수소 이온과 결합하는 등 복잡한 전기화학 반응 과정을 거친 후에 물이 만들어진다. 수소극과 산소극의 반응식을 합해서 전체 반응식을 나타내면 [식 4]와 같다.

$$2H_2 + O_2 \rightarrow 2H_2O \qquad \text{[식 4]}$$

단단하게 결합되어 있는 수소와 산소 분자를 쪼개고 그 쪼개진 원자에서 다시 전자를 빼내고 붙이는 과정들전기화학 반응은 저절로 일어나는 일이 아니다. 모두가 조금이나마 에너지를 투자해야 진행된다. 이것을 그나마 손쉽게 할 수 있도록 하는 것이 소위 '촉매'이다. 그러나 활성activity이 좋은 촉매를 쓰지 않으면 외부에서 에너지를 많이 가해도 전기화학 반응이 잘 일어나지 않는다. 따라서, 아무리 수소와 산소를 많이 집어넣어도 연료전지에서 나오는 전기는 미미하다. 즉, 연료전지의 효율이 아주 낮을 수밖에 없다. 이런 이유로 활성이 좋은 촉매를 써야 한다. 그리고 현재로서는 백금 platinum이 수소극과 산소극에서 일어나는 전기화학 반응들에 대해서 가장 활성이 좋은 촉매이기 때문에 대부분의 고분자 전해질 연료전지의 촉매로 백금을 이용하고 있다. 촉매는 각각의 전극연료전지의 경우에는 수소극과 산소극이 넓고 균일하게 분포하도록 만든다. 다른 종류의 연료전지 같은 경우에는 전극 자체가 촉매의 역할을 하기도 한다.

전극이 해야 할 역할은 크게 두 가지로 나눌 수 있다. 전기화학 반응이 잘 일어나도록 하는 것과 이 과정에서 생성되거나 소비될 전자가 잘 흐르도록 하는 것이다. 다른 말로 하면, 전기화학적인 활성과 전기 전도도가 높아야 한다. 동시에 수소와 산소 가스가 잘 스며들 수 있게 반응 면적을 최대화할 수 있도록 다공성high porosity의 구조를 가지고 있어야 한다.

'자발적인' 반응 방향

여기까지 이해한 후에 아마도 이러한 의문이 들 것이다. 수소와 산소를 계속 셀cell에 주입한다고 해서 왜 수소 분자가 수소 이온으로 바뀌고, 산소극으로 옮겨가고, 산소와 반응을 해서 물을 만들어 내는 과정을 지속하는 것인가? 이 과정을 지속하게 하는 힘은 무엇인가 하는 것이다.

이에 대한 대답은 한마디로 하면 화학적 에너지라고 할 수 있다. 좀 더 학술적인 용어로는 '깁스 자유 에너지Gibbs Free Energy'라고 말한다. 모든 원소와 화합물들은 주어진 온도와 압력 하에서 고유한 '깁스 자유 에너지'를 가진다. 어떤 물질 A, 또 다른 물질 B, 이들의 혼합물 A_2B로 이루어진 다음의 화학식을 고려해보자.

$$2A + B \rightarrow A_2B \qquad \text{[식 5]}$$

간략한 논의를 위해 이들 물질들의 '깁스 자유 에너지'를 각각 $G(A)$, $G(B)$, $G(A_2B)$라고 표시하도록 하자. 여기서 $G(A)$를 두 배로 곱한 값에 $G(B)$를 더한 값이 $G(A_2B)$보다 크다면(즉, $2G(A)+G(B) > G(A_2B)$), [식 5]에 표시된 것과 같이 왼쪽에서 오른쪽으로 '자발적인' 반응이 일어나게 된다. 왼쪽 물질들의 전체 화학적 에너지가 오른쪽 물질의 화학적 에너지보다 크기 때문이다. 만일 그 반대의 경우라면(즉, $2G(A)+G(B) < G(A_2B)$), 오히려 A_2B가 A와 B로 분리되려고 할 것이다. 이는 마치 높은 저수지에 있는 물 큰 위치에너지이 낮은 저수지작은 위치에너지로 자연스럽게 흐르는 것으로 비유할 수 있다.

그러면, 위의 [식 4]를 다시 보자. 2개의 수소 분자와 1개의 산소 원자가 2개의 물 분자를 만들어 내었다. 2개 수소 분자의 깁스 자유 에너지와 1개 산소 분자의 깁스 자유 에너지를 더한 것과 2개 물 분자의 깁스 자유 에너지를 비교하면 [식 4]에 표시된 방향으로 반응이 진행될지 아니면 그 반대로 진행될지 예측할 수 있다. 이미 예상하듯이 수소와 산소가 분리되어 있을 때가 더 높은 화학적 에너지를 가지는 상태이기 때문에 왼쪽에서 오른쪽으로 자발적으로 반응이 진행된다. 그리고 이 왼쪽과 오른쪽의 '깁스 자유 에너지' 차이만큼 전자를 움직이게 하는 전기 에너지를 만들어 낼 수 있을 것이다. 실제로는 연료전지 동작 과정에서 여러 이유로 전력의 손실이 발생하기 때문에, 이 '깁스 자유 에너지' 차이보다는 좀 적은 전력만을 생산할 수 있다.

 그렇다면 어떤 물질의 '깁스 자유 에너지'를 어떻게 알 수 있을까? 이것은 소위 열역학Thermodynamics이라는 학문의 범주에 드는데, 연료전지와 수전해의 원리를 이해하기 위해 꼭 필요한 내용은 아니므로 여기서는 논외로 하자.

연료전지의 전력 손실

한 개의 연료전지 셀은 상온에서 약 1.2V의 전압을 생성한다. 이 전압의 값은 수소와 산소 각각의 농도와 온도에 따라 조금씩 달라지지만 대체적으로 1.2V 정도이다. 하지만 이 전압은 연료전지에서 아무런 전류를 뽑아내지 않을 때의 값이고, 전류를 많이 뽑아내면 낼수록 전압은 떨어진다. 즉, 전력의 손실이 발생하는 것이다.

우리가 흔히 얘기하는 전력은 전압과 전류를 곱한 값이다. 길이의 단위가 미터$_m$인 것처럼, 전력의 단위는 와트$_W$나 마력$_{hp}$이다. 전압이 아무리 높더라도 전류가 0이면 전력도 0이다. 전류를 너무 많이 뽑아내게 되면 전압이 0으로 수렴하게 되어서 역시 전력도 0에 수렴하게 된다. 모두가 원하는 목표는 전류를 많이 뽑아내도 전압이 너무 떨어지지 않게 하는 것, 즉 손실을 최소화하는 것으로 귀결된다.

이처럼 전력의 손실을 초래하는 것은 주로 두 가지라고 이야기할수 있다. 첫째는 전기화학 반응 과정에서 발생하고 둘째는 이온이 전해질을 통과하는 과정에서 발생한다.

위에서도 언급했듯이 어떤 전기화학 반응이 열역학적으로 '자발적인' 반응이라고 하더라도, 실제 그 반응은 아무런 노력 없이 자동으로 이루어지지 않는다. 마치 내리막길을 가더라도 과속방지턱이 막고 있어서 자동차 가속 페달을 조금이라도 밟아야만 내려갈 수 있는 것과 비슷하다. 좋은 촉매를 쓰게 되면 과속방지턱이 낮아지고, 나쁜 촉매를 쓰게 되면 과속방지턱이 자동차의 높이보다도 높아진다. 이렇게 자동차 가속 페달을 밟음으로써 에너지를 쓰게 되는데, 이 과정에서 전력의 손실이 발생한다. 따라서 전기화학적 반응에서 나오는 손실을 줄이기 위해서 좋은 촉매 재료를 선택하고,

이 촉매를 반응이 잘 일어나도록 잘 배치해야 한다.

두 번째는 이온 전도 과정에서 발생한다. 이온은 전자와 다르게 상당히 덩치가 크다. 덩치가 큰 이온이 전해질막 안의 틈 사이를 통과할 때 많은 저항을 느낄 수밖에 없고, 지속적으로 전해질을 무사히 통과시키려면 에너지를 써서 이온을 밀어줄 수밖에 없다. 이러한 이온 전도 저항을 줄이기 위해 이온 전도도가 높은 전해질을 개발하거나, 같은 전해질이라도 두께를 최소화함으로써 이온이 통과해야 할 거리를 줄여 주려는 노력을 하게 된다.

작동 온도가 주는 효과

연료전지의 작동 온도는 종류에 따라 다양하다. 고분자 전해질 연료전지와 같이 섭씨 100도 이하에서 동작하는 연료전지도 있고 고체산화물 연료전지와 같이 900도에 육박하는 온도에서 동작하는 연료전지도 있다. 왜 이렇게 작동 온도가 달라야만 하는 것일까?

연료전지의 종류는 크게 전해질electrolyte에 따라 결정된다고 해도 과언이 아니다. 고분자 전해질 연료전지PEMFC는 전해질로 쓰이는 재료의 경우, 수소 이온을 잘 전도시키기 위한 온도가 80도 정도이기 때문에 셀의 작동 온도도 그렇게 결정이 되었다고 할 수 있다. PEMFC의 전해질은 물을 머금고 있어야만 수소 이온을 잘 전도할 수 있는데, 100도 이상이 되면 물이 기체 상태로 증발해버리기 때문에 효율이 급격히 낮아진다.

반면 고체산화물 연료전지SOFC의 경우에는 전해질로 쓰이는 물질이 세라믹 재료의 하나인 금속산화물이다. 보통 치과 보형물이나 고급 단열재에 많이 쓰이는 산화 지르코늄ZrO₂나 산화 세륨CeO₂ 계통의 물질에 첨가물을 넣어 이용한다. 이들 재료들은 산소 이온 O²⁺ 전도체로서, 온도가 올라가면 갈수록 기하급수적으로 이온 전도도가 높아진다. 이들 SOFC용 전해질 재료들은 섭씨 600도 이하에서는 이온 전도도가 너무 낮아져서 이온 전도 손실이 급격히 커지기 때문에, 불가피하게 주로 훨씬 높은 온도에서 동작하도록 설계된다. 온도가 올라갈수록 이온 전도도가 기하급수적으로 커지는 경향은 실은 거의 모든 재료에서 나타나는 현상이다.

전해질의 종류에 따라 작동 온도가 어느 정도 정해지고 나면, 거기에 맞는 전극 재료와 촉매제가 선택된다. 중요한 고려 사항은 전기화학적인 반응도 온도에 큰 영향을 받는다는 사실이다. 전기화학적 활성 역시 온도가 높아질수록 기하급수적으로 높아진다. PEMFC는 100도 이하의 저온에서 동작하기 때문에 촉매제 자체의 활성이 아주 높지 않으면 전기화학적 반응 손실이 지나치게 크게 되고, 이로 인해 연료전지 전체의 효율이 아주 낮아진다. 비싸더라도 백금을 선택할 수밖에 없는 것이다. 하지만 SOFC의 경우에는 작동 온도가 보통 700도 이상으로 상당히 높기 때문에, 굳이 활성이 뛰어난 재료가 아니어도 적절한 효율을 달성할 수 있다. 실제로 SOFC는 수소극에서는 니켈nickel을 촉매로 쓰고, 산소극에서는 비교적 값싼 산화물을 혼합하여 촉매로 이용한다.

이렇듯 높은 작동 온도는 이온 전도와 반응 활성에 상당히 유리한 조건을 만들어 준다. 바로 이것이 SOFC가 PEMFC보다 높은 효율을 비교적 쉽게 달성하게 하는 요인이다. 하지만 높은 작동 온도가 언제나 좋은 것만은 아니다. 효율 측면에서는 유리하지만, 고온 환경이기 때문에 셀 내부 재료의 성능을 더 빨리 저하시키는 경향이 있다. 또한 시스템을 켜면 동작 온도까지 도달 시간이 오래 걸려서 반응이 늦을 수밖에 없고, 전극과 전해질 간의 열팽창 정도온도에 따른 부피의 변화 정도도 달라서 켜고 끄는 과정이 반복되면서 재료에 균열이 쉽게 생기기도 한다.

최근에는 동작 온도를 조금이라도 낮추기 위해서 새로운 종류의 고체산화물 연료전지가 개발되고 있다. 섭씨 500도 또는 그 이하에서도 적당한 이온 전도도를 가질 수 있는 전해질이 개발되면서 가능해진 개발 영역이다. 이 새로운 연료전지는 산소 이온O^{2-}을 전도하는 전해질을 쓰는 기존 SOFC와는 다르게 PEMFC처럼 수소 이온H^+을 전도하는 고체산화물 전해질을 이용한다.

연료전지의 종류

연료전지 종류는 세분화하면 매우 다양하지만, 대표적으로 5개 정도의 타입으로 정리할 수 있다. PEMFC, SOFC와 함께 알칼리 연료전지Alkaline Fuel Cell, AFC, 인산형 연료전지Phosphoric Acid Fuel Cell, PAFC, 용융탄산염 연료전지Molten Carbonate Fuel Cell, MCFC 등이 그것이다.

앞에서 논의한 것처럼 PEMFC는 낮은 작동 온도와 빠른 시동, 높은 전력 밀도 등의 특성 덕분에 자동차 등 운송용 시장에 적합한 연료전지이다. 실제로 거의 대부분의 연료전지 자동차는 PEMFC 기반으로 만들어지고 있다. 또한 급변하는 부하 변동에 빠르고 능동적으로 대응할 수 있는 장점 덕분에, 고정형 시스템 형태로 비상전력 생산용이나 발전용으로도 널리 고려되고 있는 등 가장 활발하게 이용되고 있는 연료전지 타입이라고 할 수 있다.

SOFC는 상당히 높은 작동 온도와 깨지기 쉬운 재료들의 특성 때문에 운송용 시장에는 적용하기 어렵다. 하지만, 높은 작동 온도가 높은 효율과 연료에 대한 융통성을 제공하기 때문에 가정용, 건물용, 발전용 연료전지로는 많은 강점을 가진다. 우리나라에서도 SK 자회사들과 협력 또는 합작사 설립을 통해 적극적으로 진출하고 있는 미국의 블룸에너지가 대표적인 SOFC 제조업체이다.

AFC는 1960년대 미항공우주국NASA의 아폴로 프로젝트 우주선을 위해 쓰였던 연료전지 타입이다. 오래된 기술인만큼 상당히 기

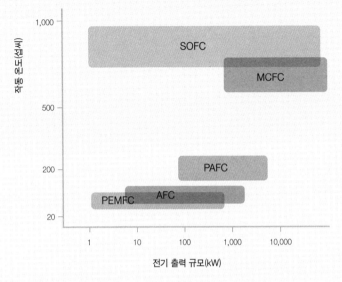

[부록-3] 연료전지 종류별 작동 온도 및 시스템 전력 생산 규모

술적으로 완숙한 연료전지이다. 수산화칼륨KOH를 녹인 '물'을 전해
질로 쓰기 때문에 섭씨 100도 이하에서 동작한다. 이 전해질은 수
산화이온OH을 전도한다. 작동 온도는 낮지만, 알칼리 환경에서는
백금이 아닌 촉매를 써도 좋은 성능을 낼 수 있는 장점도 있다. 하
지만 공기나 연료에 섞여 있는 이산화탄소에 조금이라도 노출되면
쉽게 성능이 저하되는 약점이 있는데, 별도로 이산화탄소를 걸러
주는 장치를 달아도 이 문제가 완전히 해결되지 않는 경우가 많다.
PEMFC에 비해서는 생산 전력 밀도가 낮아서 수송용이 아닌 고정
형 시스템으로 많이 이용된다.

PAFC는 수소 이온$^{H^+}$을 전도시키는 액체 인산을 전해질로 쓰는데 이온 전도도를 확보하기 위해서 150~220도 정도의 조금은 높은 온도에서 작동시킨다. 하지만 전기화학적 반응 속도가 여전히 낮은 온도이기 때문에 양쪽 극 모두에서 보통 백금을 촉매로 사용한다. AFC와 함께 1세대 연료전지라고 불릴 정도로 기술적으로 상당히 성숙되어 있는 연료전지라고 할 수 있다. 연료의 불순물에 대해서 관대한 편이고 높은 온도에서 동작하기 때문에 연료전지에서 나오는 전기뿐 아니라 열^{heat}도 이용하는 열병합 발전의 형태로 운전함으로써 전체적인 발전 효율을 90% 가까이 끌어올리기도 한다. 우리나라에서는 두산퓨얼셀이 PAFC를 연료전지 발전소용을 주력으로 생산하고 있다.

MCFC는 용융된 탄산나트륨 또는 탄산칼륨을 전해질로 사용하는데, 이 탄산염을 녹이기 위해서 650도 이상의 고온에서 동작한다. 산소극쪽으로 산소^{O_2}뿐만 아니라 이산화탄소^{CO_2}도 동시에 넣어주고, 이들 간의 전기화학적 반응으로 만들어진 탄산 이온$^{CO_3^{2-}}$을 전해질을 통해 전도시킨다. 이 탄산 이온은 수소극에서 수소와 반응해서 물과 이산화탄소를 동시에 발생시키는데 이 이산화탄소는 다시 산소극 쪽으로 보내어져서 산소극에서의 반응에 쓰인다. SOFC와 마찬가지로 고온형 연료전지이기 때문에 대규모 고정형 시스템으로 대부분 쓰여지고 있다. 대표적으로 포스코에너지는 59MW급

세계 최대 규모의 MCFC 발전소를 설치, 운영하고 있다.

수전해는 연료전지의 반대

연료전지가 수소의 높은 화학적 에너지를 이용해 전기를 생산하면서 낮은 화학적 에너지의 물을 부산물로 내놓는 장치라면, 수전해는 외부의 전기 에너지를 투입해서 낮은 화학적 에너지의 물을 높은 화학적 에너지의 수소로 바꾸어주는 장치이다. 따라서 연료전지의 반응을 반대로 진행하면 수전해의 반응이 된다. [식 4]를 다시 가져와 보자.

$$2H_2 + O_2 \rightarrow 2H_2O \qquad \text{[식 4]}$$

여기서 좌측에 있는 수소와 산소 분자들의 깁스 자유 에너지의 합이 우측에 있는 물 분자의 깁스 자유 에너지보다 커서 왼쪽에서 오른쪽으로 '자발적인' 반응이 진행된다고 하였다. 마치 내리막을 굴러가는 자동차처럼 자발적이다. 이것이 바로 연료전지의 반응이다. 전기화학적 반응과 이온 전도 과정에 존재하는 과속방지턱이 하나도 없다면 연료전지의 에너지 손실도 없기에 정확히 깁스 자유 에너지의 차이만큼의 전기 에너지를 생산해 낼 수 있다.

반대로 오른쪽에서 왼쪽으로 진행하는 반응이 수전해 반응이다.

즉 물을 수소와 산소로 분리시키는 반응이다. 이 수전해 반응을 일으키기 위해서는 어떻게 해야 할까? 물의 깁스 자유 에너지가 수소와 산소의 깁스 자유 에너지의 합보다 작기에 당연히 그 차이보다 큰 외부 에너지를 더해 주어야만 수전해 반응이 일어날 것이다. 마치 낮은 곳에 있는 자동차를 언덕 위로 끌어올리기 위해서 외부 에너지를 갖다 써야하는 것과 같은 이치이다. 자동차는 언덕 위로 혼자 굴러갈 수 없다.

수전해 반응 과정에서도 연료전지 반응에서와 마찬가지로 양 전극에서 전기화학적 손실이 발생하고 전해질에서 이온 전도 손실이 발생한다. 연료전지의 경우에는 내리막길에 있는 과속방지턱이 손실을 발생시킨다면, 수전해의 경우에는 오르막길에 있는 과속방지턱이 손실을 발생시킨다고 할 수 있다. 과속방지턱의 종류는 똑같다. 즉 전기화학 반응의 과속방지턱과 이온 전도의 과속방지턱이 있다. 연료전지 모드에서는 내리막길을 이용해서 에너지를 100을 만들어낼 수 있다면 과속방지턱을 넘기 위해서 그 에너지의 일부$^{가령\ 30}$를 소진하고 남는 에너지$^{100-30=70}$를 전기 에너지로 만든다. 수전해의 경우에는 반대로 오르막길을 가야 하기 때문에 기본적으로 100의 에너지를 써야 하고, 오르막을 오르는 과정에서 과속방지턱을 넘기 위해서 추가적인 에너지$^{가령\ 30}$를 소모해야만 한다. 이 두 에너지의 합$^{100+30=130}$만큼 전기 에너지를 써야 물에서 수소를 뽑아

낼 수 있다. 연료전지 모드mode뿐 아니라 수전해 모드에서도 과속 방지턱을 낮출 필요가 있는 것이다.

지금까지 수십 년간의 연구가 바로 여기에 초점이 맞추어져 있었다고 할 수 있다. 하지만 최근의 연구 초점은 상당 부분 값싼 소재, 값싼 공정, 내구성 있는 재료와 디자인을 구현하는 것으로 옮겨가고 있다.

| 참고문헌 |

|1부| 수소: 미래 에너지 사회의 필수 매개체

1장 기후 변화: 성큼 다가온 위기 상황

국립기상과학원, 『지구대기감시 보고서』, 2018.

김재연, 『지구온난화에 따른 극지 영구동토층 해빙으로 인한 메탄 배출 증가 양상』, 환경부, 2018.

딜로이트 인사이트 편집국, 『글로벌 탄소가격제도 현황 - 돌이킬 수 없는 세계적인 흐름』, 2021.

마크 라이너스, 『6도의 멸종』, 세종서적, 2014.

The Science Times, 『우리는 온실효과에 관해서 얼마나 자세히 알고 있을까?』, 2021. 5. 20. http://naver.me/5JJfpEhJ

European Parliament, 『Revising the Energy Efficiency Directive: Fit for 55 package』, 2021. 9.

ICCT, 『CO2 Emission Standards for Passenger Cars and Light-Commercial Vehicles in the European Union』, 2019. 1. 3.

IPCC, 『Global warming of 1.5°C』, 2018.

Mohideen, M., Ramakrishna, S., Prabu, S. & Liu, Y., 『Advancing green energy solution with the impetus of COVID-19 pandemic』, J. Energy Chem., 59, 688, 2021.

RE100, 『Annual Report』, RE100 Progress and Insights, 2019. 12.

Ritchie, H. & Roser, M., 『CO2 emissions』, Our World in Data, 2021. 12. 2. https://ourworldindata.org/co2-emissions

2장 풍력, 태양광 시대의 필수 요건: 전기 에너지 저장

관계부처 합동, 『해상풍력 발전방안』, 2020. 7. 17.

미래에셋증권, 『글로벌 태양광 (비중확대) 태양은 여전히 뜨겁다』, 2021. 10. 27.

한국일보, '원유 블랙홀' 중…유가 급락하자 역대 최대 사재기 나서』, 2020. 6. 9.

Deloitte, 『Deloitte Insights, 2021 No. 19』, 2021. 7.

GWEC, 『Global Wind Report 2019』, 2020. 3.

IEA-PVPS, 『Trends in Photovoltaic Applications』, 2021.

IRENA, 『Renewable Power Generation Costs in 2019』, 2020. 6.

OREAC, 『The Power of Our Ocean』, 2020. 12.

US Department of Energy - Water Power Technologies Office, 『U.S. Hydropower Market Report』, 2021. 1.

Wang, J., Lu, K., Ma, L., Wang, J., Dooner, M., Miao, S., Li, J. & Wang, D., 『Overview of Compressed Air Energy Storage and Technology Development』, Energies, 10, 991, 2017.

3장 수소 = 미래의 에너지 매개체! 왜?

삼성증권, 『Sector Update - 2차전지 산업분석 5편: 글로벌 플랫폼, ESS』, 2019.3.7.

에너지경제연구원, 『세계에너지시장 인사이트, 제 21-21 호』, 2021.11.1.

Bloomberg Green, 『Airbus Gains Confidence in 2035 Goal to Deliver Hydrogen Plane』, 2021.9.22.

IEA, 『Global EV Outlook 2021』, 2021.4.

Iwakiri, I., Antunes, T., Almeida, H., Sousa, J. P., Figueira, R. B. & Mendes, A., 『Redox Flow Batteries: Materials, Design and Prospects』, Energies, 14, 5643, 2021.

IRENA, 『Utility-Scale Batteries Innovation Landscape Brief』, 2019.

Liu, Y., Zhang, R., Wang, J. & Wang, Y., 『Current and future lithium-ion battery manufacturing』, iScience, 24, 102332, 2021.

Ma, J., Li, Y., Grundish, N. S., Goodenough, J. B., Chen, Y., Guo, L., Peng, Z., Qi, X., Yang, F., Qie, L., Wang, C. A., Huang, B., Huang, Z., Chen, L., Su, D., Wang, G., Peng, X., Chen, Z., Yang, J., ... Wan, L. J., 『The 2021 battery technology roadmap』, J. Phys. D: Appl. Phys., 54, 183001, 2021.

U.S. Department of Energy, 『Energy Storage Grand Challenge: Energy Storage Market Report』, 2020.12.

|2부| 수소는 어디에 쓰이나

1장 아직도 낯선 이름, 연료전지

한국수출입은행, 해외경제연구소, 『연료전지 개요와 현황』, 2021.8.6.

한국전력공사 전력연구원, 『수소혼소용 가스터빈의 요소기술 및 국내외 기술개발 동향』, Trans. Korean Hydrogen and New Energy Society, 31, 351, 2020.

YTN 사이언스 TV, 『닐 암스트롱, 달 표면에 발을 디디다!』, 2010.6.6.

BMW Media Information, 『BMW Hydrogen 7』, 2006.11.

Car-and-driver, 『2007 BMW Hydrogen 7, Hydrogen-powered 7-series will be leased to U.S. government agencies in 2007』, 2006. 9.

2장 수소전기차 vs. 전기차

국가법령정보센터, 『차량의 운행제한 규정』.
뉴데일리경제, 『'엑시언트' 캘리포니아 달린다… 현대차, 북미 수소트럭 30대 수주』, 2021. 7. 27.
머니투데이, 『"시간이 돈인데"…긴 충전시간 전기트럭 괜찮을까』, 2020. 2. 17.
미래에셋대우, 『글로벌 수소 경제 - 그린 에너지의 마지막 퍼즐』, 2021. 3. 23.
월간수소경제, 『삼성중공업, SOFC로 가는 LNG 운반선 만든다』, 2021. 7. 2.
정선경 & 하진욱, 『연비향상을 위한 자동차 경량화 동향』, Auto Journal, 2018. 8.
한국교통연구원, 『글로벌 물류기술 동향 44호』, 2013. 10.
CNBC, 『Elon Musk says the tech is 'mind-bogglingly stupid,' but hydrogen cars may yet threaten Tesla』, 2019. 2. 23.
Deloitte China, 『Fueling the future of mobility, Hydrogen and fuel cell solutions for transportation, Volume 1』, 2020.
DroneFlyingPro, 『How long do drone batteries last?』, 2022. 1. 4. https://droneflyingpro.com/how-long-do-drone-batteries-last/
Farias, C. B. B., Barreiros, R. C. S., Silva, M. F., Casazza, A. A., Converti, A. & Sarubbo, L. A., 『Use of Hydrogen as Fuel: A Trend of the 21st Century』, Energies, 15, 311, 2022.
McKinsey, 『Reboost, A comprehensive view on the changing powertrain component market and how suppliers can succeed』, 2019. 11.
Reuters, 『Amazon acquires right to buy stake in fuel cell maker Plug Power』, 2017. 4. 5.

3장 '움직이지 않는' 연료전지 시장

김신희, 『국내 수소발전(연료전지) 현황과 과제』, Weekly KDB Report, 2021. 7. 26.
산업연구원, 『수소에너지 산업의 활성화 방안』, 2019. 3.
삼정KPMC, 『Issue Monitor 연료전지 시장의 현재와 미래』, 2019. 8.
월간수소경제, 『세계 최대 부생수소 연료전발전소, 대산그린에너지』, 2020. 7. 30.

월간수소경제, 『치밀하고 구체적인 일본의 '수소사회' 움직임』, 2018. 9. 4.
월간수소경제, 『화성시에 스마트에너지 타운 개발한다』, 2021. 5. 7.
연구개발특구진흥재단, 『연료전지 시장』, 2020. 5.
하이투자증권, 『그린뉴딜과 연료전지』, 2020. 7. 13.
한국산업기술진흥원, 『일본의 수소사회 구현 정책 분석』, 2019. 5.
Argonne National Laboratory, 『The Business Case for Fuel Cells: Delivering Sustainable Value 7th Ed.』, 2017. 8.

4장 에너지만 보면 안 된다, 팔방미인 수소

대한석유협회, 『정제공정 및 공정도』, 2003. 10. 16. http://www.petroleum.or.kr/ko/sub02/04.php?ca_id=&mode=read&id=27
최성우, 『하버와 암모니아 합성』, 한국과학기술인연합, 2003. 7. 2.
포스코뉴스룸, 『미래 철강은 수소환원제철로?!』, 2021. 2. 1.
한국환경산업기술원, 『해외발간보고서 요약 - 친환경 에너지로서 합성 연료의 현황』
CNET, 『Porsche's eFuel could be a climate game-changer』, 2021. 11. 4.
IEA, 『The Future of Hydrogen』, 2019. 6.
Innovation And Networks Executive Agency, 『Sun-to-LIQUID』, 2021. 2. 5. https://ec.europa.eu/inea/en/horizon-2020/projects/h2020-energy/alternative-fuels/sun-to-liquid
The Royal Society, 『Ammonia: Zero-carbon fertiliser, fuel and energy store』, 2020. 2.

|3부| 수소, 어떻게 만들고 어떻게 유통하나
1장 수소를 우주에서 끌어다 쓸 수는 없고

관계부처 합동, 『이산화탄소 포집·활용(CCU) 기술혁신 로드맵(안)』, 2021. 6. 15.
김기봉 & 김태경, 『KISTEP 기술동향브리프 - 수소 생산』, 2021.
Bipartisan Policy Center, 『The Commercial Case for Direct Air Capture』, 2021. 2.
Circular Carbon Economy, 『Strategies to Scale Carbon Capture, Utilization and Storage』, 2021. 9.
Global CCS Institute, 『Global Status of CCS 2020』, 2020. 11.

Hydrogen Council, McKinsey & Co., 『Hydrogen Insights Report 2021』, 2021.

IEA, 『Net Zero by 2050 - A Roadmap for the Global Energy Sector』, 2021. 5.

Jensen, R., Eijk, C. & Wærnes, A. N., 『Production of Sustainable Hydrogen and Carbon for the Metallurgical Industry』, Materials Proceedings, 5, 67, 2021.

Parkinson, B., Tabatabaeia, M., Uphamc, D. C., Ballingera, B., Greiga, C., Smarta, S. & McFarlandad, E., 『Hydrogen production using methane: Techno-economics of decarbonizing fuels and chemicals』, Int. J Hydro. Energy, 43, 2540, 2018.

ZDNet, 『Honda's home garage gadget: Here's your solar hydrogen fueling station』, 2010. 1. 26.

2장 보관용 탱크가 필요한 수소

월간수소경제, 『암모니아가 뜬다. 암모니아 분해한 수소로 넥쏘 충전한다』, 2020. 12. 30.

에너지신문, 『현대글로비스, 가스해상운송 나서… 글로벌 수소공급망 구축 '시동'』, 2021. 9. 6.

투데이 에너지, 『일진하이솔루스, Type4 수소튜브트레일러 선봬』, 2021. 7. 11.

Abdin, Z., Tang, C., Liu, Y. & Catchpole, K., 『Large-scale stationary hydrogen storage via liquid organic hydrogen carriers』, iScience, 24, 102966, 2021.

CNBC, 『An $11 trillion global hydrogen energy boom is coming. Here's what could trigger it』, 2020. 11. 11.

Hydrogen Council, 『Hydrogen Insights: A perspective on hydrogen investment, market development and cost competitiveness』, 2021. 2.

New Atlas, 『World-first home hydrogen battery stores 3x the energy of a Powerwall 2』, 2021. 1. 22.

Petitpas, G., 『Boil-off losses along LH2 pathway』, Lawrence Livermore National Laboratory Technical Report: LLNL-TR-750685, 2018.

Rob Cussions, 『Renewable Hydrogen Models for Energy Storage Feasibility Study Final Report』, 2018. 2.

3장 수소의 커다란 몸집, 이송 작전이 중요하다

관계부처 합동, 『수소경제 활성화 로드맵』, 2019.

윤창원, 『수소사회 실현을 위한 액상유기수소운반체(LOHC) 기술』, News & Information for Chemical Engineers, 37, 471, 2019.

KTN 투자증권, 『그린인프라:저장과 운송은 액화수소로』, 2020. 6.

Hydrogen Council, McKinsey & Co., 『Hydrogen Insights Report 2021』, 2021.

Hydrogenious LOHC Technologies, 『Hydrogen stored as an oil』, 2020. 3.

IEA, 『Net Zero by 2050 - A Roadmap for the Global Energy Sector』, 2021. 5.

IEEE Spectrum, 『Why the shipping industry is betting big on ammonia』, 2021. 2. 23.

Rao, P. C. & Yoon, M., 『Potential Liquid-Organic Hydrogen Carrier (LOHC) Systems: A Review on Recent Progress』, Energies, 13, 6040, 2020.

|4부| 수소사회는 어떻게 오나

1장 수소경제 사회로 가는 길

산업통상자원부 보도자료, 『정부, 수소경제 활성화 로드맵 발표』, 2019. 1.

에너지경제연구원, 『섹터커플링의 개념 및 적용 현황』, 2021. 5.

Bloomberg NEF, 『New Energy Outlook 2021』, 2021.

European Parliament, 『Energy storage and sector coupling Towards an integrated, decarbonised energy system』, 2019.

Hydrogen Council, 『Hydrogen Insights: A perspective on hydrogen investment, market development and cost competitiveness』 2021. 2.

Hydrogen Council, McKinsey & Company, 『Hydrogen for Net-Zero A critical cost-competitive energy vector』, 2021. 11.

IEA, 『Hydrogen』, 2021. https://www.iea.org/reports/hydrogen

IEA, 『The Future of Hydrogen, Seizing today's opportunities』, 2019. 6.

IRENA, 『Hydrogen: A renewable energy perspective』, 2019. 9.

U.S. Department of Energy, 『Hydrogen Program Plan』, 2020. 11.

U.S. Department of Energy, 『Hydrogen Strategy - Enabling A Low-Carbon Economy』, 2020. 7.

2장 암모니아사회

아시아경제, 『2025년 수소전기차 본격 상용화』, 2021. 4. 26.

월간수소경제, 『친환경 선박 개발을 위한 현대중공업의 '힘센' 엔진 솔루션』, 2021. 10. 29.

월간수소경제, 『PEOPLE - 김천수 한국가스공사 수소사업처장』, 2020. 2.

조선일보, 『이산화탄소 배출 제로… '암모니아 선박' 나온다』, 2021. 3. 17.

Ammonia Energy Association, 『Viking Energy to be retrofit for ammonia fuel in 2024』, 2020. 1. 23.

Ammonia Energy Association, 『Zero emission aircraft: ammonia for aviation』, 2020. 8. 20.

Giddey, S., Badwal, S. P. S., Munnings, C. & Dolan, M., 『Ammonia as a Renewable Energy Transportation Media』, ACS Sust. Chem. Eng., 5, 10231, 2017.

Hasegawa, T., 『Gas Turbine Combustion and Ammonia Removal Technology of Gasified Fuels』, Energies, 3, 335, 2010.

Hydrogen Council, 『Path to Hydrogen Competitiveness, A cost perspective』, 2020. 1.

MacFarlane, D. R., Cherepanov, P. V., Choi, J., Suryanto, B. H. R., Hodgetts, R. Y., Bakker, K. M., Vallana, F. M. F. & Simonov, A. N., 『A Roadmap to the Ammonia Economy』, Joule, 4, 1186, 2020.

US Department of Energy, 『Hydrogen Strategy, Enabling a low-carbon economy』, 2020. 7.

3장 수소를 둘러싼 이슈: 오해와 진실

매일경제, 『"탈원전 정책 추진하려면 에너지안보 대책이 먼저"』, 2020. 9. 20.

삼성증권, 『2차전지 산업분석 5편: 글로벌 에너지 플랫폼, ESS』, 2019. 3. 7.

신영증권, 『2022년 원자재 전망 (Slow and Steady)』, 2021. 11. 30.

에너지경제신문, 『그린수시대 핵심은 '물', 막대한 수요 불구 관심은 떨어져』, 2020. 11. 2.

한겨레, 『올초 전력망 과부화 위기 올 뻔한 순간 있었다』, 2020. 7. 21.

한국과학기술기획평가원, 『기술동향 브리프, 해수담수화』, 2021. 7.

환경부 & 한국환경산업기술원, 『글로벌 에너지 전환: 2050년 로드맵』, 2019. 4.

Greenpeace, 『현대자동차 수소데이 발표 후 생긴 궁금증 3가지』, 2021. 11. 1. https://www.greenpeace.org/korea/update/19336/blog-ce-hyundai-snail-h2/

Howarth, R. W. & Jacobson, M. Z., 『How green is blue hydrogen?』, Energy Science &

Engineering, 2021. 8.

IRENA, 『Green Hydrogen Cost Reduction, Scaling Up Electrolysers to Meet the 1.5 °C Climate Goal』, 2020.

W. Cole et al. 『Cost Projections for Utility-Scale Battery Storage: 2021 Update』 National Renewable Energy Laboratory (NREL) Technical Report, 2021. 6.

Zhao, Y., Pohl, O., Bhatt, A. I., Collis, G. E., Mahon, P. J., Rüther, T. & Hollenkamp, A. F., 『A Review on Battery Market Trends, Second-Life Reuse, and Recycling』, Sustain. Chem., 2, 167, 2021.

4장 수소 산업: 국가적 지원과 플레이어들

관계부처 합동, 『수소경제 활성화 로드맵』, 2019.

국토연구원, 『국내외 수소도시 정책동향과 시사점』, 2021. 10. 22.

김규판, 『일본의 2050 탄소중립과 그린성장 전략』, 2021. 3. 30.

미래에셋대우, 『글로벌 수소 경제 그린 에너지의 마지막 퍼즐』, 2021. 3. 23.

미래에셋증권, 『글로벌 수소경제 HYDROGENomics: 시장 침투 본격화』, 2021. 10. 28.

월간수소경제, 『"대한민국, 글로벌 수소산업 이끈다" 시리즈』, 2021. 9. 30.

천강 & 김진수, 『주요국의 수소경제 지원 정책과 시사점』, 한국자원공학회지, 57, 629, 2020.

Green Hydrogen Organisation, 『Launching the Green Hydrogen Organisation』, 2021. 9.

The Federal Government of Germany, 『The National Hydrogen Strategy』, 2020. 10.

U.S. Department of Energy, 『Hydrogen Shot: An Introduction』, 2021. 6.

2050 탄소 배출제로, 수소가 답이다

수소경제

글 | 이민환 윤용진 이원영

초판 1쇄 발행일 | 2022년 2월 25일
초판 5쇄 발행일 | 2024년 6월 7일

펴낸이 | 신난향
편집위원 | 박영배
펴낸곳 | (주)맥스교육(맥스미디어)
출판등록 | 2011년 8월 17일(제2022-000038호)
주소 | 경기도 성남시 분당구 정자일로156번길 12, 1503호(정자동, 타임브릿지)
전화 | 02-589-5133   팩스 | 02-589-5088
홈페이지 | www.maxedu.co.kr

기획·편집 | 김소연
영업·마케팅 | 배정아
경영지원 | 박윤정

ISBN 979-11-5571-834-6 (03320)